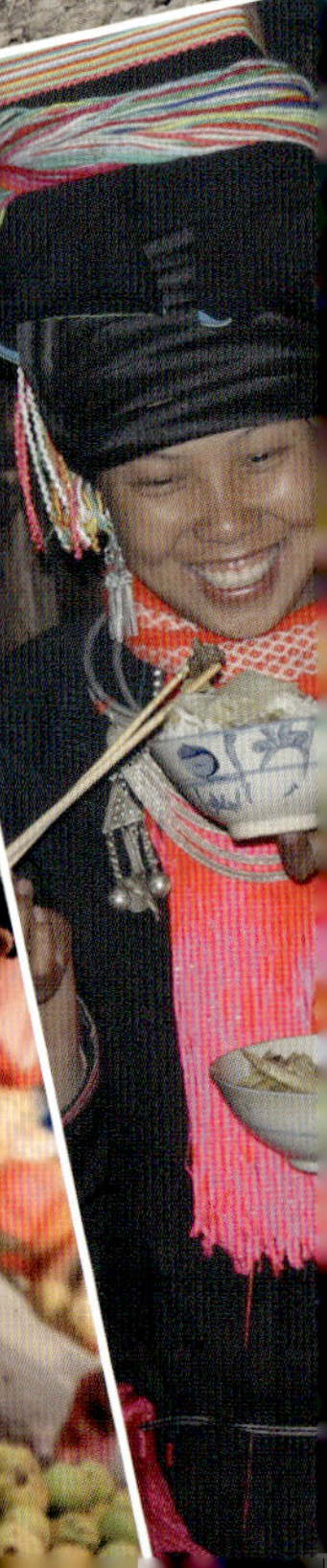

キオクのヒキダシ１

写真紀行

雲のうえの千枚ダム

中国雲南・大棚田地帯

西谷 大

社会評論社

写真・西谷大

本書は、『グラフィケーション』（発行：富士ゼロックス株式会社）に連載された「棚田に生きる」（二〇一〇年～二〇一二年、全12回）を加筆・修正し、新たに序論を加え刊行するものです。

＊目次

消える棚田と残る棚田 226

フィールドとの邂逅 244

おわりに 265

序論

見える水と見えない水

●雲南の棚田と千葉の二五穴●

旅と発見

「用事がなければどこへも行ってはいけないと云うわけはない。なんにも用事がないけれど、汽車に乗って大阪へ行って来ようと思う」という書きだしではじまる、内田百閒《ひゃっけん》の『阿房列車』は、私の愛読書で、旅にでるときには必ずカバンに放り込む。

行った先での観光地の話もでてこなければ、そもそも内田百閒は温泉につかるのが大嫌いときている。ではなぜ旅をするのか。目的は、ただお酒を飲みながら列車を楽しみたいだけで何か特別な事件が語られるわけではないのだが、これがなぜか何度読みかえしても飽きない。おそらく内田百閒にしかできない物事を見る視点と発見と描写があり、知らず知らずのうちに読者が百閒ワールドへ引き込まれてしまうからだろう。

私たちのフィールド調査も、どこか内田百閒の旅と似ている。調査に出かけるという行為は、当然ながらある目的があるからだが、ただそれははじめから何か明確な発見を意図していない場合がほとんどだ。また確固たる目的（用事）がなく、まずは出かけてみようとする調査（旅）のほうが、かえってその後深く物事の本質にせまる問題に出会う場合が多い。

四国の山猿の物語

この本の舞台の中心は、中国雲南の大棚田地帯だ。雲南でどのような調査と発見があったのかは後で述べるとして、ではなぜ中国の棚田の世界を日本で紹介してみようと思い立ったのだろうか。

中国の調査と併行して、私たちは日本各地で、かつて焼畑をおこなっていた場所や棚田を歩いた。例によって特に何かおもしろい発見をしてやろうという、下心があったわけではない。徳島県那賀《なか》郡那賀町の木頭《きとう》村を歩いたときだ。木頭村には、一九五〇年代の村とその裏山の様子がよくわかる写真が残っている。二枚の写真は、まったく同じ地点から撮った風景だ。おそろしいくらいに変化が激しい。現在は木に覆われている裏山は、一九五〇年代にはほとんど木がはえていない。

現在の木頭村

1950 年代の木頭村（『阿波木頭民俗誌』近畿民俗学会編、凌霄文庫刊行会、1958 年より）

村を歩いていて、これまたまったく偶然に、焼畑をおこなっていたという古老に、写真をみせながら話を聞くことができた。実は古写真を撮った場所を苦労して探していたのだが、この古老が「現在は運動場になった、その角のあの電柱の側」と実に正確なピンポイントを教えてくれた。

彼によると、裏山に木がはえていない理由はこうだ。部落の周辺は、常畑や棚田に、すぐ近くの斜面はカリバ（茅を育てる場所）にしていた。焼畑は、さらに山の山頂近く付近に広がっていたという。日常的に利用していた薪炭林は、さらに山の稜線を超えた向こう側だというのだ。

余談だが話を聞いた村の古老はすでに九十歳近かったが、太平戦争時にビルマ戦線に参加したという。木頭村周辺から徴兵された兵隊は、重機関銃を担がされる部隊に配属されたそうだ。若いときから山を駆け上り駆け下りする山仕事のため足腰が強く、重いものをもつことに慣れていたのが理由で、部隊では「四国の山猿」と呼ばれていたらしい。

本題で雲南でも山住の人々が登場するが、彼らの身体能力は私たちの想像をはるかに超えている。木頭村の山利用も、現代人からは想像もつかないほど広範囲だし、山の開発も流行の「自然との共生」という、もの柔らかい言葉とは裏腹に見た目には、「自然」をけっこういためつける「はげ山」に近い利用方法だ。

実は、なにもこのような自然利用は四国の山地地帯だけではない。私たちは、今千葉県君津市を流れる小櫃川《おびつがわ》沿いで上流の房総丘陵から下流にかけて、フィールド調査をおこなっている。目的は近世以降、人々がどのような自然利用をおこなっていたのか、その変遷を明らかにすることだ。現在この地域を歩くと山々は木々に覆われ、「豊かな自然」をイメージさせる里山風景がひろがる。

千葉県は、日本で二番目に山の平均標高が低い県だ。最高峰は愛宕山《あたごやま》（四〇八メートル）である。しかし山が低いからといってなめてはいけない。「房総丘陵」という丘の連続というイメージとは裏腹に、谷川が抉《えぐ》りだす斜面は非常に急で谷は深く山間

写真：千葉県君津市蔵玉の風景

に狭い平地が連なる。
　山の尾根伝いを歩くと、突然、両側が絶壁になったり、尾根の先が途切れて崖になっていたりする。また山々には木が生い茂り見通しがきかないだけでなく、際立った高い山がないため、現在位置を確認する目標物が少ない。つまりどこを歩いても同じように見えてしまう。地図とコンパスを駆使してもけっこう迷う。
　しかしこのような低山ながら「山深い」風景も、実は昭和四十年代から徐々に広がりはじめたにすぎない。

写真：房総丘陵。三石山（282m）から元清澄山（344m）を望む

魔法の二五穴《にごあな》

四国山地の木頭村と同様に、房総丘陵の自然景観も劇的に変化している。

写真は、明治四十年代の村の風景である。村周辺の山は、三月になると広大な面積を焼き払うことで草地にし茅場にしていた。地域の八十歳代の方々に聞くと男女そろって、農作業のなかで茅場から茅を切り三十~五十キロの茅を背負い、山からリレー形式で村まで運ぶ仕事が一番きつかったという。そして山焼きが禁止され、杉の植林がはじまる昭和三十年代までの村周辺は完全な禿げ山だったという。

現在この地域でも、イノシシ、シカ、サルなどの野生動物による農作物の被害が深刻だ。し

写真：明治 40 年代の村周辺の景観（千葉県）東京大学千葉演習林　所蔵

かしこうした被害は、植林が進む昭和四十年代からはじまったという。それまで村里で野生動物をみることはなかった。おそらく山焼きによる草地が、奥山と人里とを隔てる結界の役目を果たしていたのだろう。

さてこの地域には、非常に特異な灌漑施設がある。小櫃川の上流の房総丘陵地帯では、耕作地よりも川面が三十～四十メートルも低いため、簡単には目の前の川から水を引きあげて水田を作ることが不可能だった。そこで江戸の終わりごろに編み出された灌漑施設が「二五穴」である。

写真：「二五穴」の内部（蔵玉折木沢用水）

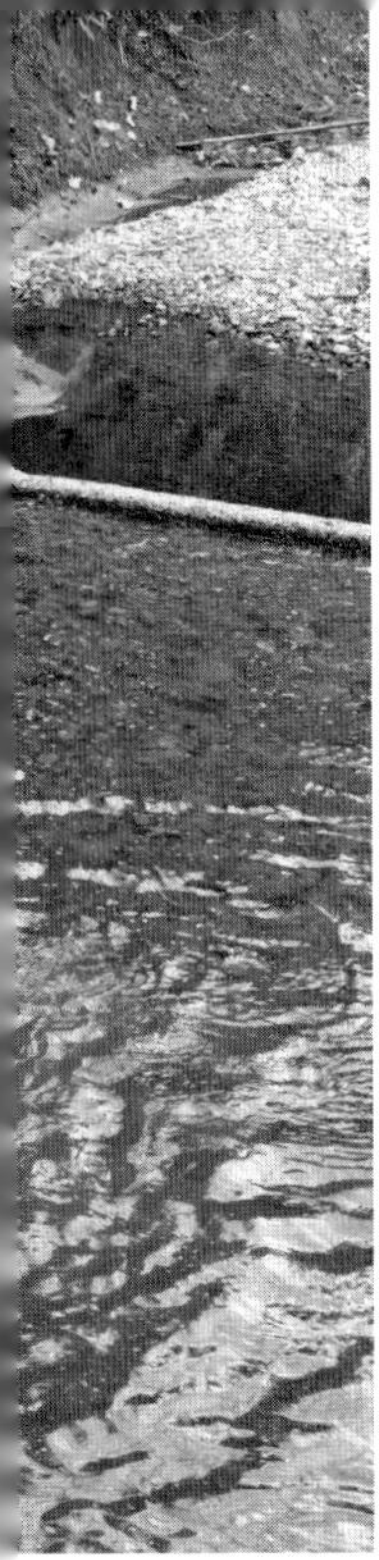

狭隘《きょうあい》な谷地の耕作地に、上流から水を引くのだが山が邪魔をする。そこで山をぶち抜くトンネルを掘り、それをつないで灌漑用水路にする。これが二五穴なのだが、その入り口が二尺五尺（横約六十、高さ百五十センチ）に名称の由来がある。トンネル状用水路は長いもので二百～七百メートルあり、地上にでた部分を併せて、五～十キロにおよぶ灌漑用水路を作り、現在も水田に水を引くのに利用している。

この大規模で精密な土木工事がなぜ江戸時代の終わりに可能になったのか、まだ謎の部分が多い。二五穴には水田の開削、さらにはその維持が必要で、工事をおこなう専門の工人集団の存在だけでなく多額のしかも地元の資金が動き、村内でも工賃としてお金が村人にいき渡っていたらしい。つまり現在の公共工事の仕組みと似ている。

小櫃川上流では、現在も四本の二五穴が活躍している（上流から、蔵玉折木沢《くらだまおりきさわ》用水、草川原《くさがわら》用水、大戸用水、平山用水）。ではどのように水を流すのか。毎年二月になると水を引くための準備がはじまる。まずは用水路に壊れた場所や、土砂や木で詰まっていないか点検しつつ掃除をおこなう。例年だと三月の上旬に二五穴に水を流す作業がはじまる。

蔵玉折木沢用水の場合、トンネル状の用水路には窓穴《まどあな》と呼ばれる穴が何ヵ所も開いている。

そこには板で堰《せき》をしてあるのだが例年は全部で五ヵ所で、この板堰を開け上流から水を流し、まずは一番上流の窓穴からゴミを水と一緒に外へ押し流す。半日ほどそのまま水を流し水が澄んでくると最初の窓穴を板で堰き止め、次に開けた窓穴へと水を送り、同じ手順をくりかえして二五穴の内部を掃除していく。水を順番に下流に流すことを「水をつれていく」という。そして十日後に、およそ五キロ先の水田が広がる村まで水をつれていき、用水路に水を流しながら掃除する「溝払《みぞはら》い」をおこな

写真：「二五穴」取水口の掃除（草川原用水）

い終了する。この水は、九月まで常に流しっぱなしの状態で自由に使うことが可能だ。

ところで蔵玉から折木沢まで、用水路の水量が流れ下る間にどのくらい減少するのか、水田に水を入れ田植えをはじめる前に調べてみた。結果は用水路の水は山の下の二五穴をくぐると、なんと入る前より出口の地点で水量が増えているのだ。

この地域では、かつて各家庭の日常用水を得るのに横穴を掘って水を溜めていた。二五穴を作った先人も山にトンネルを通すことで、山の水が二五穴に自然に絞り落ち水量が増えることを経験的に知っていたのかもしれない。水田を灌漑するときに使う、ポンプアップしてパイプを通す水は、パイプの途中で絶対に増えることはないので、まさに「魔法の二五穴」だ。

「見える水」と「見えない水」

写真でみる雲南の棚田は、山全体を棚田にする（次頁）。現在の日本ではまず不可能なのだが、雲南の棚田は今でも増殖中で、その棚田の作り方を実見できる。山の木を伐採した後、斜面に上から下まで段々を削り込み、そこに土手を作り水を貯めていく。山の上に水田があるので、水は五〜十キロ先の谷川から山腹に掘った細い用水路を使って流す。人手

前頁写真：（上）窓穴の板堰を開ける（蔵玉折木沢用水）
（下）窓穴から水を流しゴミを外へ流しだす

だけによる土木作業なのだが、これが家族単位（五〜十人）で意外に簡単に作っていく。少し雨が降ったりスイギュウなどが通るとすぐに壊れるため、毎日のように見回って修理する。

一方の房総丘陵の灌漑用水路は、二二五穴の実態がわかるまでは、いったいどこを流れているのかまったくわからなかった。房総丘陵は、雲南の棚田の「見える水」が醸しだす壮大な景観が広がるわけではないのだが、その地下には「見えない水」の物語が隠されている。

「見える水＝雲南の棚田」と、

写真：雲南省者米谷の棚田（アールー族）

「見えない水＝二五穴」、どちらがすごいのかというレベルの比較は意味がない。むしろ二つの地域の棚田と二五穴の共通点は、房総丘陵の調査地の古老が「水けのあるところはどこでも水田にした」と語ったように、水田を作ることへのものすごく深い執念だろう。

里山の利用は時代によって常に変化してきた。日本で自然のごとく語られる「里山」という言葉でひとくくりできる、共通した自然利用は存在しないと思う。また雲南の棚田地域にも、さまざま自然利用が存在する。つまり人が多様な自然で暮らせば、それだけ多様な利用方法や無数の里山利用パターンが存在する。

これから紹介する雲南の棚田の世界と、房総丘陵の自然利用に共通点を探すならば、「自然資源を保護し持続的に利用してきた」という枠組みに簡単に当てはめても理解できず、むしろ人間側に有利になるよう、「自然をいかにして飼い慣らすか」という行為を繰り返し試行してきた歴史ではないかと考えている。

雲南の「見える水＝棚田」と房総の「見えない水＝二五穴」は、水をいかにして人間にとって都合よく利用し尽くすかという点では根本的に共通するのだが、その有りようが異なっているだけだともいえる。

活きた棚田の記憶

では日本の「里山」と雲南の棚田には、景観以外に根本的な違いはあるのだろうか。それはおそらく日本の里山からは、人が人の手だけで自然を利用していた時代が過ぎ去ろうとしていることだろう。地域社会の生業を維持してきた、例えば水田の灌漑用水システム、茅葺きのためには絶対に必要だった山焼きによる茅場の存在、自分たちが使うための燃料である薪炭林の確保など、村を支えてきたシステムが、しかも人力だけで維持できた時代が終焉をむかえつつある。

そうした時代の移り変わりのなかで、二五穴は、かつては当たり前であった機械力にもたよらず外部からの電力も不必要で、地域社会の人々の人的エネルギーとシステムだけで維持が可能なシステムである。これを私は、「身の丈にあった知恵と技術」とよんでいる。

一方の雲南の棚田には、地域の人々の手と工夫による地域社会の維持が、今もまだみてとれる世界だ。いわば「二五穴」のような「身の丈にあった知恵と技術」が、生活の中心となって、さまざまな場面でまだまだ生き生きと展開している。雲南の棚田をめぐる、さまざまな物語も未来においておそらく反復の可能性はなく、時代の流れのなかで変化していくしその記憶も記録しなければ埋もれていく。

日本の里山で繰り広げられてきた、自分たちの知識と技術で生きぬく姿や歴史をさぐるとき、伝承や文献だけでは不十分だ。雲南と日本とでは、自然的な環境もたどってきた歴史的な背景も異なる。しかし人間は経験の生き物であり、見たもの以上のことを想像することは難しい。雲南の「身の丈にあった知恵と技術」が活きている棚田の世界を垣間見ることが、おそらくそのことが日本の里山に埋め込まれた、さまざまな自然利用の記憶と歴史を読み解くヒントになるだけでなく、人間とはいったい何なのかという根源的な問題の理解につながるのではないだろうか。

雲南省（省都：昆明市）

中国西南部の国境沿いに位置しており、ミャンマー、ラオス、ベトナムの３カ国と国境を接する。東は貴州省、広西チワン族自治区、南はラオス、ベトナム、西はミャンマー、チベット自治区、北は四川省と接する。（引用：JETRO「雲南省概況」〈2016 年８月作成〉）

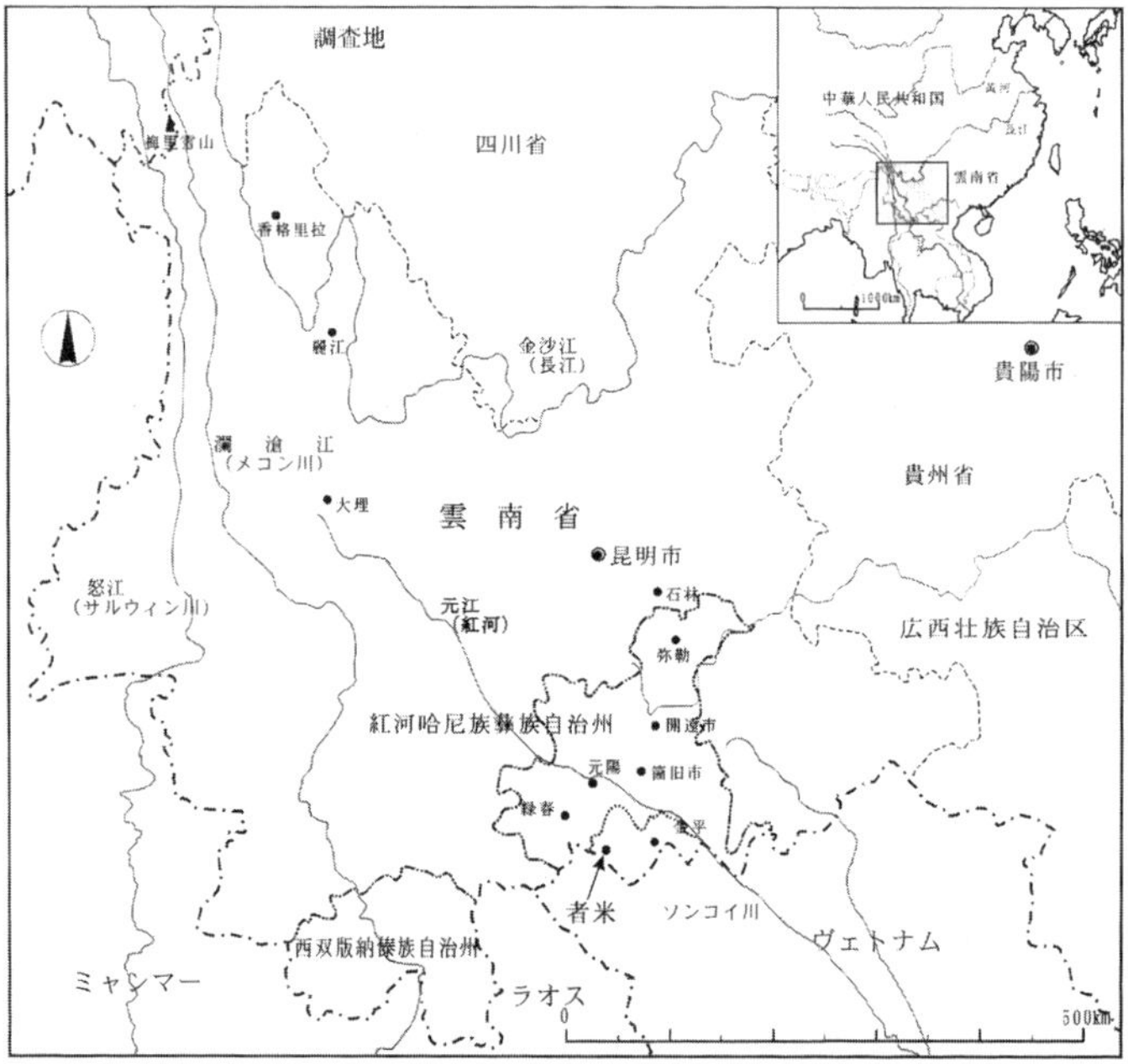

図　西谷大著『多民族の住む谷間の民俗誌　生業と市からみた環境利用と市場メカニズムの生起』（角川学芸出版、2011 年）27 頁より転載。

棚田に生きる——雲南調査から——

犬棒調査のはじまり

雲海の上の棚田

山道を登り周囲の霧を突き抜けると、目の前に雲海が広がった。海抜およそ八百メートルだ。この高さを境にして、突然気温が下がり風が心地よい。麓の村（海抜およそ五百メートル）から、たいした標高差でもないのに、およそ二時間もかかっている。斜面を巻きながらゆっくり登っていくのではなく、急斜面を頂上に向かって直登するため、どうしても

次頁写真：者米谷

すぐに疲れ休み休みになる。それに、体がまだ山登りに順応していない。汗がフィールドノートにしたたり落ち、文字がにじむ。

海抜およそ一千百メートルに達した。目の前に棚田が現れる。麓の村からは、まったくみえないはずだ。水田と水田との畦の法面《のりめん》が以上に高く、二メートル近くある。棚田は上からみれば立派な水田なのだが、下からみれば土の壁にしかみえない。季節はすでに十一月で、稲刈りは終わっているのだが、なぜか日本と違い水田に水が張られている。ニワトリ、アヒル、スイギュウの鳴き声、それに女性の賑やかな声と水辺で何かを洗う音が聞こえてきた。アールー族の村が近いらしい。

視覚よりも、むしろちょっとした音で、自分が異国にいることに気づかされることがある。そして異質な世界に今いるのだと思うことがよくある。私が歩いているのは、中国雲南省金平《きんぺい》県者米《ジェーミー》谷という場所だ。といっても地名だけでは、どこだか見当がつかないだろう。雲南省は中国の南西部に位置する。面積はほぼ日本と同じだ。雲南省の省都は昆明である。標高およそ千九百メートルの雲貴高原上の町で、一年中気温の変化が小さく穏やかな気候から「春城」という心地よい別名をもつ。中国は、五十五の少数民族を国家によって認定している。このうち雲南省には、二十五の少数民族が住む。

雲南省といえば、奇岩で知られる石林、タイ族が多く住む西双版納、六千メートル級の名峰が十三もあるシャングリラ、町並みが世界遺産に登録されている麗江などが有名だ。いずれの観光地へも昆明を中継地として、東、西、北へと旅立つ。

三つの方向をとらずに昆明を出て、一路ひたすら南に下ることおよそ二百キロで、雲貴高原の南の端に至る。高原を一気に下ると紅河が深い渓谷をうがち、その河畔は海抜わずか百メートルにしか過ぎない。紅河を南に渡ると、そこに今回の舞台である哀牢山脈が横たわる。山脈は雲貴高原とは違って平地は少なく、険しい地形が南のベトナム国境まで続く。者米谷は、この哀牢山脈内の者米川という川沿いに広がる谷である。国境にそびえる西隆山は標高三〇七四メートルの名峰であるが、おそらく日本人は未踏の山であろう。その後、私たちはこの山を奥深く入っていくことになる。

調査地との出会い

さて私がなぜ異国の、しかも中国でもベトナム国境沿いの「僻地」といえるような場所で、汗を流しながら山を登ることになったのか。一緒に歩いている篠原さん（当時国立歴史博物館に勤務、現、滋賀県立琵琶湖博物館館長）のグループは、一九九九年から中国海南省の少数民族であるリー族の焼畑をめぐる生業についての調査をおこなってきた。人が自然を利用する上で編みだしてきた、さまざまな知恵と技術を調べることを目的としていた。ところが中国政府の山焼を禁止するという政策の影響で、焼畑は次第に姿を消していった。

雲南省にフィールドを求めたのは、焼畑を続けて調査したかったことと、もう一つは棚田も研究してみたいという思惑があった。さまざまな人々が豊かな自然を利用しながら、しかも棚田と焼畑が生活の中心である場所を求めて雲南省の南を歩いた。者米谷も予備調査のさいの通り道の一つだった。はじめてこの地を訪れたのは、二〇〇三年三月十三日だった。者米谷には東から、谷を一本しか走っていない自動車道に沿って入っていった。

道路沿いには、タイ族の村が五〜十キロメートルの間隔をおいて並んでいる。タイ族の家は、いずれも高床式で一階がスイギュウやブタの家畜小屋になっている。それに女性の服装は、裾に刺繍をした黒い腰巻きに、頭にはピンクやグリーンの布を巻き付けるといった特徴的な民族衣装なのですぐにわかる。村の周辺には棚田が広がる。事前の知識では、タイ族以外の少数民族もこの地に暮らしているはずだ。しかし、それらしい少数民族の姿がみえない。それだけでなく、そもそもタイ族以外の村がみあたらないのだ。

者米谷の中心である者米の街に入ったのは、すでに五時を過ぎていた。天気も悪く小雨が降っていた。宿泊する招待所の部屋も布団もジトジトして、壁がカビだらけだ。お風呂は当然、湯船はなく湯もでない。これまでも中国海南省のリー族の村で、住み込みの調査をおこなってきた。トイレは野外だし風呂も川での水浴びだ。それに比べればこの招待所は、トイレがついておりはるかに条件がいい。者米の通りはガランとしているだけでなく、ゴミが散らかり商店は数軒開いているのだが客足もほとんどない。なぜか、者米谷で調査してみようという意欲がまったくわかない。その晩は者米に宿泊した。

次の日、車で街を出ようとしたのだが車が動かない。故障したのではなく、街の通りが店と人で埋まっている。市がたったのだ。自動車を表通りに移動させる間に、市を見学しつつ朝食をとることにした。道の両脇には、棚の上に日用雑貨を並べた店、服を釣り下げた店、地面に直接ビニールシートを敷き、野菜、果物を売る店などいずれも露天だ。通りの真ん中には、なぜかタバコや酒などを売る店が並ぶ。昨日は、この谷に住むのはタイ族だけかと思ったら、さまざまな民族衣装を着た人々のさまざまな言葉が乱れ飛び、モノの売り買いの駆け引きで喧騒をきわめている。この大勢の人々はいったいどこからやってきたのだろう。彼らの村はどこにあるのか。どのような生活をしているのか。そもそも市の仕組みはどのようなものなのか。

調査地を選ぶには、当初から場所や方法を決める場合もある。もう一つは、「犬棒調査」という方法である。「犬も歩けば棒に当たる」をもじったもので、歩いていれば何かに出会う。いい加減にみえるが、このほうが長期の調査地の発見につながることが多い。かっ

HONDA

者米の定期市

こよくいえば調査地を決めるには、対象とのすてきな出会いと共感が肝心だ。そして、対象がもつさまざまな謎を解き明かしてみたいという衝動が必要なのだ。だが要するに私たちは、単純に市と人々の生き生きとした魅力に一目惚れしてしまった。そして昨日までの意気の上がらない雰囲気は消し飛び、一瞬にして調査地を者米谷に決めてしまった。

市を駆けるアールー族

者米谷は雲南省でもベトナムと国境を接しているという政治的な理由もあり、一般の外国人は省政府の許可がないと入れない。中国人研究者による調査も、過去にほとんどおこなわれたことはなかった。ましてや日本人が調査に入ったことはない。者米谷の人々も、日本人をみるのは私たちがはじめてだった。者米谷で調査を進めていくうちに、この谷にはタイ族をはじめ、アールー（イ族の一支族）、ヤオ（瑤）、ハニ（哈尼）、ミヤオ（苗）、クーツォン（古聡）、チワン（壮）、ハーベイ（中国政府には少数民族として認定されていない）の八つの少数民族と、さらに漢族を入れると九つの民族が雑居していることがわかってきた。中国では漢族以外の少数民族は、およそ十三億の人口のうち六パーセントを占めるにすぎない。しかし漢族が今回の舞台である者米谷に、本格的に移住してきたのはほんの二十年前であり、むしろこの地では少数民族といえる。

　予備調査後、最初の本格的な調査は、その年の二〇〇三年十一月はじめからおよそ二ヵ月間おこなった。「人と自然との関係を調べる」という漠然とした目標はあるものの、はじめは何から手をつけていいか見当がつかない。日本と違って、国土地理院が発行する等高線の入った地図は一般には市販されていない。そのため谷の全体像もよくわからない。それでもおよその村の位置が書き込んである、簡単な地図を手に入れた。者米谷には五十ほどの村があるらしい。とにかく、このいい加減な地図を片手に者米谷を歩くことにした。さて手はじめにどこの村にいくか。人が集まる市での情報収集が手っとり早い。

　市は、六日ごとに一回開催される。市の仕組みは後に詳しく語るとして、モノを売っている側で最も目立つのは、アールー族の女性だ。市がたつ日は、まだ薄暗い六時ぐらいになると、野菜を満載した背負子《ショイコ》を担いで街に駆け込んでくる。場所とりのためらしい。アールー族は、どこからやってくるのか。市にやってくるアールー族の村のうち、最も遠い村は阿咪籠《アミロ》で、徒歩で片道三時間半だという。この村なら日帰りが可能そうだ。とにかく行ってみよう。

ネコ村へ

冒頭の山登りは、阿咪籠村へ向かうときの様子である。当日のフィールドノートの一部をそのまま抜粋してみよう。括弧内の記載は、後に判明した内容である。

七時三十分。者米を出発する。まだ薄暗い。霧が濃い。五十メートル先がみえない。

七時五十三分。阿咪籠河を渡る（これは地図上の名前で、現地ではジェーミー河とよばれている）。橋はない。靴を脱いでの渡河。後ろから来た村人にあっという間に、「クナディア？」と聞かれながら抜かれていく。何をいっているのかわからない（どこにいくのか？という意味。相当に強烈ななまり。共通中国語だと「你去那里？（ニーチューナアリ？）」となる。者米谷では、「ニイハオ、こんにちは」という挨拶はまず使わない）。

九時二十分。者米で酒を買い龍盤村に帰る男性に会う。彼に周辺の各村に、何族が暮らしているのかを訪ね地図に記録する。民族分布は、大きく三つに分かれるようだ。東、西にハニ族が多く、中央部分にアールー族が多く住む。なかなか聞き取れない。

十時。最初の村に到着。アールー族が居住。地図上には記載がない（カービエン村、戸数およそ二十戸）。海抜およそ一千百メートル。村は尾根の背に位置するが、その東西は広大な棚田が広がっている。しかし山の斜面にはほとんど樹木がなく、谷筋にわずかに残るだけだ。斜面にはキャッサバ、トウモロコシの畑がモザイク状に広がる。

村の入り口で、精巧な水分配システムをみる。一木に溝を刻み、水を公平に分配する仕組みになっている。水源から一本の水路で引いた水を、このシステムによって各水田に分配しているらしい（当初の予想よりもはるかに複雑な灌漑システムで、何百筆もある水田それぞれに、水を公平に分配していることが後に明らかになる）。

村の養魚池をみた。一筆の面積が大きく、養魚専門に利用しているようだ。村人によると、他の水田も一年中水を張っているので養魚が可能だという（言葉が通じていなかった。どうやら彼らは水田に魚がいる、といったらしい。アールー族は養魚や水田漁撈をおこなわない。タイ族がアールー族の水田まで、水田内の魚を捕りに来ることはある）。

十一時。休憩をかねて昼ご飯。このあたりは木がほとんど生えていない。周囲は畑と草地。者米の雑貨店で買った、中国解放軍製「七六一圧縮乾糧」という野外携帯食を食べる。デンプン、小麦粉、砂糖を固めたようなもの。ぱさぱさして喉を通らない。水で流し込む。

十二時二十分。安楽寨に到着。家は壁が石積みで、斜面に張りつくように建てられている。村人によるとこのあたりの水田は、二期作が可能であるが現在は一期作しかしていないという。また一年中水を張っておくと、コメの生長がいいのだという（二期作は不可能。

アールー族の村、安楽寨

海抜八百メートル以上になると一期作しかできない。水を張っておく主な理由は、冬場に水を抜くと畦にひび割れが生じ、水田そのものが使えなくなるから)。

共通中国語が話せる小学校の先生に会う。阿咪籠はまだ遠いという。先生に、阿咪籠の名前の由来を教えてもらう。阿咪(アミ)がネコ、籠(ロ)が村。昔、この村が他の村によって攻められたが、彼らは抵抗し降伏しなかった。攻撃側はネコに火をつけてはなち、村を焼いて攻め込んだ。そのときから、「ネコ村」という名前がついた(その後、争いの物語を各村でよく聞くことになる)。

村人は親切。休んでいけという。しかしみなさんすでに酒の臭い。先を急ぐからと断る。十三時四十分。海抜およそ一三七〇メートル。歩きはじめてからおよそ六時間。遠くに阿咪籠村がみえる。尾根の稜線上に村があり、その下に棚田が二百~三百メートル続く。今引き返さないと、者米到着は日没後になる。それに篠原さん、ちょっと疲れ気味(当時すでに五十八歳)。それを言い訳に山を下りる。途中、木綿布を背負ったハニ族に追い抜かれる。ものすごいスピードで山を駆け下りていく。明日は者米で市がたつ。今日は者米に泊まり、明朝から商売をするのだろう。

十九時。山を下り川岸に到着。夕陽。突然、篠原さんが川原でみつけた蛇をストックで押さえつける。蛇を捕まえるのが得意だと自慢する。頭が三角形。毒蛇か。意味のない危

険なことはやめてほしい。空気が澄み切っているためか西の空が青く、夕焼け空にならない。山が空にくい込んでいる。タイ族が経営する食堂で晩ご飯。ビールがなまぬるい。しかし最高にうまい。

　フィールドノートを読み返すと、調査をはじめたころは何もわかっていなかったことが本当によくわかる。しかし、十二時間近く歩き続けて謎の一つは解けた。村と棚田が、山の上にもある。「棚田に生きる」とはどういうことなのか。犬棒調査は、まだはじまったばかりだ。次回からさまざまな謎を、徐々に明らかにしていきたいと思う。

写真：木綿布を定期市に運ぶハニ族

写真：阿咪籠村の下に広がる棚田と畑

トラの棲む黒い森

草果との出会い

草果《そうか》という植物を知っているだろうか。ショウガ科の植物で、一般にはその成熟した果実を乾燥させ売っている（学名は *Amomum tsao-ko CREVOST et LEM.*）。漢方では消化不良、瘧疾《ぎゃくしつ》（悪寒戦慄・発熱・マラリアなど）などの症状に使われる。最近では日本でもインターネットで、中国産の草果を百グラム＝千二百円前後で通販している。

次頁写真：手前から二番目が草果。奥にみえる赤いものは草果の新芽。これも食べる

雲南省のトリ肉やジャガイモなどの野菜にトウガラシを加えた鍋料理に、草果がよく使われる。また炒め料理の香辛料にも使う。私はブタの三枚肉と一緒に草果、酒、醤油、みりんを加えて圧力鍋で煮込む。するとアメリカ産百グラム＝九十八円のブタ肉が、ベーコンにちょっと似た複雑な味わいになる。ところが昆明でレストランの主人に草果について質問しても、「木の上になる果実だ。でもみたことはない」というあやふやな答えしか返ってこない。

さて者米谷で六日ごとに開かれる定期市をぶらぶらすると、少数民族ごとにモノを売る側と買う側とに違いがあることに気づく。アールー族は、定期市で野菜を売る。タイ族の女性は白の木綿布や果物を売っている。ハニ族は、その布を藍色に染めて売り歩いている。ところが今回の主人公であるヤオ族は、雑貨や野菜などをよく買っているのだが、モノを売る姿をみたことがない。ヤオ族はいつもお客さんなのだ。では彼らは、定期市でモノを買うお金をどこから得ているのか。その謎を知る手がかりは、これから出かけるヤオ族の村と彼らがとても大切にしているトラの棲む国境の黒い森、そして草果という香辛料にある。

ヤオ族の村で暮らす

ヤオ族が暮らす梁子寨瑤《リョウズサイヤオ》村は、海抜およそ一千百メートルの尾根上にある。谷沿いにはタイ族の村が点在する。彼らが利用するのは谷沿いの平坦地と、せいぜい海抜およそ八百メートルまでの斜面だ。それから上の山はヤオ族の世界になる。私たちは彼らの生活を知るため、季節ごとに村に住み込んだ。

村の朝は、夜明けとともにはじまる。朝日が村の南にそびえる大冷山（海抜二五〇六メートル）の峰にあたると、村の前面の谷を覆う雲海も金色に染まる。住み込んだのは鄧金龍さんの家だ（当時、村長）。ヤオ族は女性も男性もよく働く。鄧さんの奥さんの朝の仕事は、水くみだ。村に井戸や水道はない。村がある尾根から三十メートルほど下ると湧水があり、毎日ポリタンクで運び上げる。次に、家の近くにある菜園畑から青菜を採ってくる。

鄧さんの娘さんは、薪を拾いに出かける。村には都市ガスやプロパンガスはない。煮炊きは薪だ。もちろん風呂もない。私も毎日の山登りで汗をかき気持ち悪いのだが、それも三日過ぎればどうでもよくなる。一番下の息子は小学五年生で八時前になると、昨晩のご飯の残りをかきこんで飛びだしていく。山の村に小学校が開校したのは一九九五年で、そ

梁子寨瑶村

写真：村の小学生

れまで学校はなかった。

朝食の準備は、まずコメを大きな中華鍋で三十〜四十分ほど煮る。炊きあがる直前に湯を捨て、蒸し器に移し替えさらに小一時間ほど蒸す。炊いたご飯はぱさぱさだ。しかしこれだと一度に一日分のご飯を炊くことができ、農繁期には便利だ。朝のおかずは青菜の炒め物とごく簡単だ。

十時ごろやっと朝食。村に暮らしはじめたころ、この遅い食事に慣れなかった。しかしあるとき、自分が中国の標準時間(北京時間)を基準にしていたことに気づいた。者米谷は北京の西にあり、経度の差から二時間くらいの時差がある。彼らの日常生活は、日の出と日没にあわせた自分たちの時間で暮らしている。むしろ国に支配された時間を常識と思い込み、彼らの生活をみていた私のほうが不自然だ。

ところで村が本格的な朝の活動に入る夜明け前に、やっておく重要な仕事がある。用足しだ。家にトイレはない。薄暗いうちに村の周囲の林で用を足す。巨大なブタが放し飼いにされており、彼らにとって人糞は餌だ。しかも臭いをかぐとみさかいがなくなる。彼らに石を投げつけ追っ払いつつ用を足すのは、なかなかスリリングだ。しばらくすると朝の用足しに、鄧さんが飼うイヌがしっぽを振りついてくる。ブタが近づくと、唸って追っ払ってくれる。親切だなと感心していた。実はイヌもブタと同じ餌を狙っていたのだ。ヤオ族

前頁写真:村の学校

はイヌに名前をつけない。そこで彼を「ベンちゃん」と名づけた。

ブタもイヌも放し飼いだ。イヌはブタを追いかけ背中に乗りじゃれるのだが、ブタはイヌを無視して、ひたすら掘り返した土から餌をさがす。ブタには遊び心がない。ブタがペットとしての歴史が希薄なのは、この愛嬌のなさが原因ではないかと、村人の朝の仕事を眺めながらどうでもいいことを想像してしまう。

山の上の棚田

朝食が済むと、男も女も農作業に出かける。五月は田植えの季節で特に忙しい。棚田は村よりも低い海抜およそ八百メートルの尾根上にある。村から棚田のある高さまで三百メートルほど下り、仕事をして夕方また登ってくる。ちょっとした山登りだ。しかし山住の人びとは、鍬《くわ》や鋤《すき》を担いで駆け下り駆け上る。私は健脚を自慢にしていたが、者米谷では小学生にも追い抜かされる。

棚田の畦畔の幅は二十五センチぐらいと狭い。しかも下の水田までが高いもので三メートルもある。彼らはスイギュウを使って、田をおこしならしていく。田植えは女性の仕事だ。田植えや刈りとりなど農繁期は、昼になっても村に帰らない。女性は民族衣装を着た

前頁：放し飼いにされたブタ

村の田植え

田植えが終わり家路につく

写真：スイギュウで田をおこしならす

ままで作業をこなしていく。断っておくが、決して写真写りをよくするための「やらせ」ではない。昼ご飯はごく簡単だ。朝炊いたご飯とおかずをバナナの葉に包んで持参する。

夕方、日が沈みかけると女性は先に帰り晩ご飯の支度をはじめる。おかずは村に帰りがけに採っていく、棚田の畦畔に生えている野草や村の周囲の林で採るヤマノイモだ。棚田はコメ作りの場所だけでなく、立派な「野菜畑」だ。農閑期には、トリやイノシシの狩猟やそれに自家製の豆腐を作る。しかし農繁期は村の周りで調達できるものと、定期市で買ってきたブタの脂身（本当に白い部分だけ）とを炒めたものがおかずになる。そこらを徘徊しているブタは、正月や結婚式、それに葬式など特別な行事にしか食べない大変なご馳走だ。

夕食が終わると、家の土間に作られた地炉《ちろ》の火を囲みながらのおしゃべりがはじまる。話題の中心は村の噂話だ。私たちがはじめて村に住み込んだ年は、鄧さんと両親は一緒に暮らしていた。ところが二年目に訪ねると、彼は両親の家を飛びだし村のはずれに家を新築し、奥さんと二人の子供とで住んでいた。鄧さんには四人の兄弟がいる。彼は一番下の息子だ。父親は三番目の息子をかわいがり土地を多く与え、鄧さんには小さな水田しか分けなかったことが原因らしい。ヤオ族は、普通は一番下の息子が両親の世話をみる。自分は二十年近くも両親の世話をしたのに、この仕打ちはひどいと憤懣やるかたない。

昼間は彼らも仕事で忙しい。話をゆっくり聞けるこの時間帯は貴重だ。例えば村の棚田は海抜八百メートル以上のため、谷沿いの水田では可能な二期作が不可能で収穫量もよくない。だからコメは収穫から六ヵ月たつと不足する。かつては村の周辺で焼畑をやっていた。そこで陸稲《おかぼ》やトウモロコシを栽培していた。しかし焼畑が禁止されたこともあり、現在はコメが足らなくなると定期市で買ってくる。狩猟も盛んで、イノシシ、キョン、テナガザル、ネズミ、鳥類などをよく捕って食べていたという。また食べられる野生の植物は現在でもよく利用している。このように彼らの生活は棚田でのコメ作り一筋ではなく、さまざまな生業を組み合わせることで成り立っていたことがわかってくる。

しかしコメや狩猟動物などは、市で売れるほど余剰があるわけではない。では市で品物を買う現金を何から得ているのか。それが草果だった。それも村から歩いて一日の距離にある中国とベトナムとの国境付近にある原生林で栽培しているという。是非その森に一緒にいきたいとお願いしたのだが、その年は雨が異常に多くて危険だと断られた。結局、原生林へは調査をはじめて三年目の冬にやっと出かけることができた。

雲南国境の原生林

者米谷の二月はじめは、亜熱帯地域だといっても山の上はヒンヤリしていて、長袖の上にもう一枚上着がほしくなる。空は気持ちよく晴れ渡っている。いよいよ原生林へむけて出発だ。朝食をすませて村をでる。一挙に海抜およそ千四百メートルまで登ると、老陽寨に到着する。クーツォン族が暮らす村だ。服装が異なり言語も違う。者米谷の特徴の一つは、隣にまったく風俗習慣が異なる民族が住んでいることだ。この村からは、南にそびえる大冷山と西隆山（海抜三〇七四メートル）の東斜面を、幾本もの尾根を縦断しながら南に進む。上り下りの連続だ。

鄧さんに植物の名称と利用方法を聞き取っていく。採取した植物は六十三種にのぼるが、すべて利用するという。薬として利用する野生植物には、確かに「毒蛇にかまれたとき傷口にはると毒が消え死なない」といった怪しげなものもある。しかしすごいのは村人が現代の植物学と同レベルに植物を分類し、それぞれを食用と薬用に利用する知識体系をもっ

ていることだ。

五時間位歩いたころ、昼食をとる。海抜およそ一七五〇メートル。鄧さんが背負っている籠をのぞいてみる。懐中電灯、タバコの葉、煙筒（水キセル）、コメ、塩漬けのブタ肉が一かたまり、塩、鉈、鉄砲、火薬、ライター、上着、毛布。実にシンプルだ。食料も少ない。ちょっと不安になるが、彼は「森にいけばいくらでも食べものがある」と平気だ。

歩きはじめて十時間。これまで何度、尾根を登り降りしただろう。やっと最後の尾根にたど

写真：奥が原生林。手前はクーツォン族が焼き払った山

り着く。すると突然、目の前に黒々とした森が現れる。森の奥は西隆山まで続いている。中国でみるはじめての原生林だ。森の谷筋を流れる小川沿いの出作小屋にたどり着いたころには、すでにあたりは薄暗くなっていた。鄧さんは私たちに「火をおこしてくれ」と頼むと、森に駆け込み三十分もするとキノコ類を籠に山積みにして帰ってきた。その晩のおかずは、塩ブタの炭火焼きとキノコ汁だった。

トラの棲む黒い森

原生林の夜明けは静かだ。しかし村で寝泊まりしている間に、寝袋にノミが進入したらしい。ものすごく痒い。こうなると調査中は、色気がない話だがノミと一緒に夜をすごすことになる。小屋の前の森の斜面に草果畑が広がる。原生林を切り開くのではなく、木の下に生えている草木を刈りとり畑にしている。森の畑は、斜面にそって稜線まで続く。高度計ではかると、海抜およそ千七百〜二千メートルの間だ。草果がよく育つには、木が日差しをさえぎり、海抜が高く冷涼な条件が必要らしい。

草果の苗は五〜六月に植え、九月に収穫する。実は茎の根本の部分で真っ赤に成熟する。これを小屋のなかの簀《す》の子《こ》の上におき、下から木を燃やし燻して乾燥させる。燃料は森の倒木を使い、この場合も木を切ることはしない。乾燥させた草果は、ラバに乗せて村まで運ぶ。者米の街の草果を扱う仲買人が、村まで登ってきて買い付けにくる。転売すると高く売れるからだ。森に出かけた当時で、彼らが仲買人に売る価格は、百グラム＝三十円程度だった。それが日本では四〇倍の価格に跳ね上がる。

森に入って二日目の夜、鄧さんは自分たちヤオ族がなぜ者米谷に来たのか、そして森に棲むトラの話をしてくれた。ヤオ族の祖先は、中国・海南島に暮らしていたという。一度、広西壮族自治区に移住するのだが、干ばつにあい暮らせなくなり者米谷にやってきたのだという。者米谷へはおよそ百年前に来たようだ。当時は草果ではなく、藍を栽培していた。出作小屋の入り口付近に、一輪のリュウキュウアイの花が咲いていた。かつてこの森で栽培した名残だろう。海南島が故郷だというのは伝説だろうが、ヤオ族は移動を繰り返す山岳民族だ。おそらくどこにいっても山住のため、棚田だけではコメの自給は困難だったのだろう。この谷も、西隆山周辺で少しでも食料の足しにするため猟をおこなっているさいに、偶然にみつけたのだという。

草果の植え付けや収穫時期には、森に一ヵ月以上暮らす。ときどき夜にトラの遠吠えが聞こえるという。昨年はトラにクーツォン族のスイギュウが二頭襲われた。鄧さんたちは木を切らずに草果を栽培する。だから森は彼らにとって大切な財産だ。ところがクーツォン族は森を焼く。だからトラが怒ったのだという。かつて中国にはかなりの数のトラが生息していた。黄河以北の北東部にはシベリアトラが、長江流域にはアモイトラがいたが、森林伐採による生息地の減少や、トラの骨が漢方になるため乱獲され現在では絶滅寸前だ。山を南に越えるとベトナムだが、トラは保護区に百頭ぐらいしか生息していない。

日本で売られている草果には、鄧さんが栽培したものも混じっているかもしれない。インターネットは便利だ。クリックするだけで、さまざまなモノが自宅まで届けられる。しかし、その背後に息づく人びとの営みを思い描くことはまずない。ましてや草果という小さな香辛料がもつ、鄧さんたちヤオ族の生きるための物語は、ネットサーフィンをいくら繰り返しても検索できない。ヤオ族は棚田とともに生きている。しかしそれだけではなく、森を壊さずに利用するという卓越した知識と技術を培ってきた。そのことは、トラが棲む森を守ることにもつながっている。

自宅の台所の戸棚から鄧さんにもらった草果をとりだしその香りをかぐと、静まりかえった黒い森の夜明けがよみがえる。トラは今でもあの森を自由に駆け抜けているだろうか。

写真：原生林の草果畑

七十個の魂

さまざまなあの世

中国でも特に福建省から広東省、それに台湾の町を歩いていると、雑貨を売る店先で粗雑な紙で作った偽の紙幣をみることがある。これは冥銭や紙銭と呼ばれ、葬式や法事のさいに墓前で撒いたり焼いたりする。伝統的な漢人社会のあの世は、死者も現世と同じ生活をしている。墓はあの世への入口で、冥銭を燃やすとむこうで暮らす先祖に届く。たくさん焼いてあの世に送れば死者は金持ちになり、その福運は子孫にも還元される。しかしたくさんのお金を燃やすのは面倒なので、一度燃やすだけで大金を送れる、紙幣一枚の額面

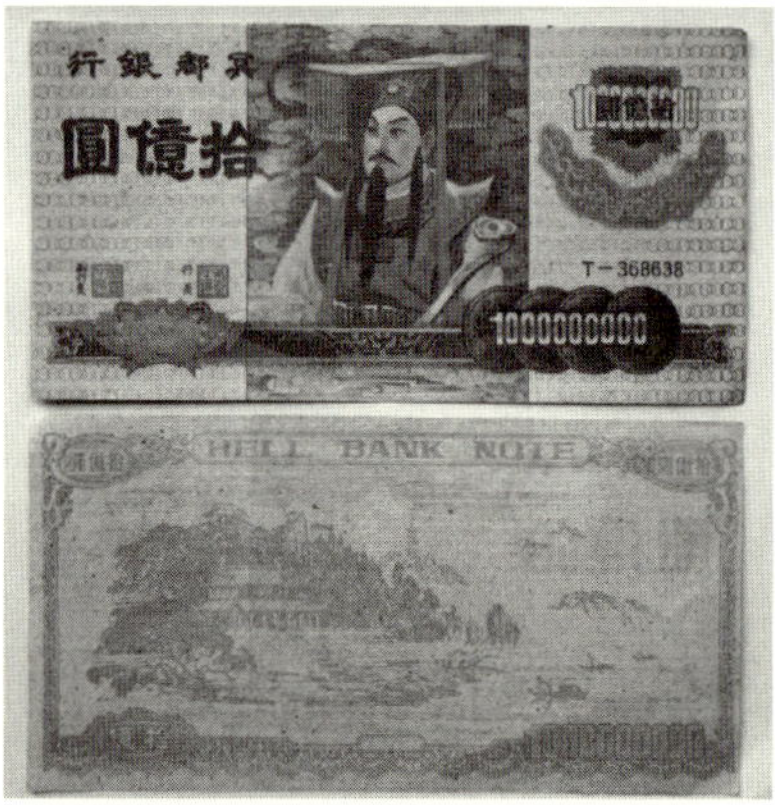

写真:「冥都銀行」発行の額面、10 億元の冥銭。裏面には「HELL BANK NOTE」と書かれている

が十億元（日本円で約百四十億円）という、とてつもない高額紙幣が売られている。
漢人のこのようなあの世観は、実はとても古い。写真は、およそ二千年前のお墓から出土した、当時の便所を模した焼き物のミニチュアである。便所の中にいるのはブタである。前回、朝の用足しの経験談で、ブタがうんこを食べる話をした。漢人の社会では、およそ二千五百年前からブタと便所を合体させ、ブタを効率よく飼育する方法を発明した。これをブタ便所という。この他に、お墓からは家屋、井戸、台所に及ばず、水田の模型まで、当時の生活世界そのものを模型で復元してお墓に納める風習が流行する。
つまり、あの世も現世と同じ生活が継続

写真：ブタ便所の模型

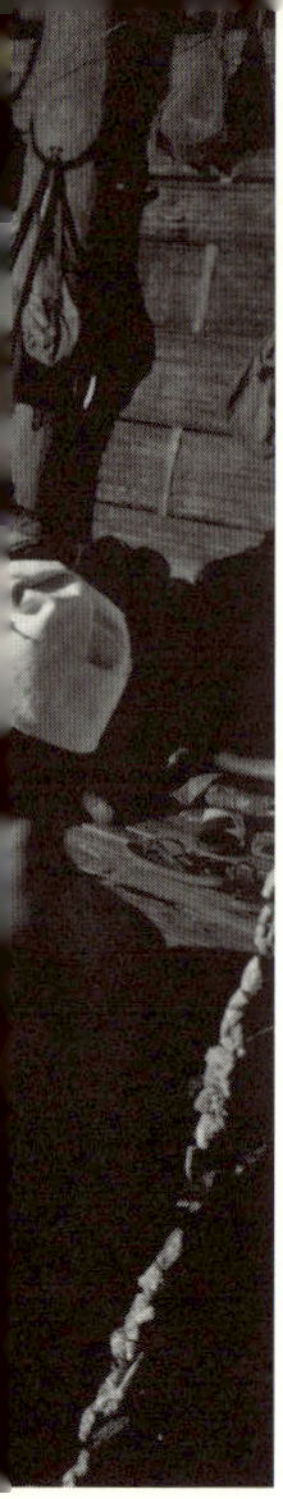

するわけだ。しかし中国に生活する、すべての人びとが、あの世にブタ便所を持ち込むわけではない。者米谷の人びとも、各民族によって亡くなった後の魂の過ごし方は異なる。今回は、棚田をめぐる者米谷の人びとの生活から少し離れて、葬儀と死者の魂に関わる話をしてみたいと思う。

お通夜

者米谷での人の死は、ふっと消えて無くなるようなことが多い。羅さんのときもそうだった。上新寨（タイ族の村）で、副村長の李さんの家で昼ご飯を食べていたときだ。頭に白い木綿の布を巻いた二人の男性がやってきた。羅さんが亡くなったという。彼はタイ族で、川や水田での魚捕りの名人だ。ほんの一週間前に話を聞きにいったのだが、その後風邪をひき寝こみ今日朝そのまま亡くなった。まだ六十歳すぎで、とても元気だったのに。李さんは羅さんの息子と話し合って、村人が分担するさまざまな仕事をとり仕切らなくてはならない。

李さんはすぐに村の若者を十数人かきあつめ、棺に必要な木を

切りだすよう命令する。棺に適した黒心樹という堅くて腐りにくい木を、およそ十キロ近く離れたベトナム国境まで出かけて探し、切りだして険しい山道を担いで村まで帰らなくてはならない。しかも今晩中に死者を納棺するのが慣わしだという。棺の製作には最低でも半日を必要とするからとても急ぐ。タイ族の習慣では、六十歳になると棺を生前に作っておく。ところが羅家では、いろいろな事情があり棺を作っていなかったらしい。

羅家では納棺にそなえて、女性が中心になり村人にも手伝っても

写真：お通夜

らって、ブタをつぶして晩ご飯の準備をはじめる。それと併行して、親族が葬式の期間中着るための白い木綿の服や、焼香に訪れた村人に渡すための頭に巻く木綿の布を大量に作る。この布は魔よけの意味があり、葬儀に参加する人は必ず頭に巻かなければならない。

男たちは村外の親戚がいつ集り、何日後に棺を埋葬するか大議論をはじめていた。タイ族は現在でも農暦を使っており、日ごとに十二支が振り当ててある。このうち牛、虎、蛇、羊、鶏の日は厄日だ。例えば牛は病気を迎える日であり、鶏は土が暖かくなる日で棺を埋葬するには適さない（死者が暖かい土に埋葬されると都合が悪いらしい）。さらに近しい親族が属する十二支に該当する日も埋葬できない。親戚の人数も多いし、埋葬する日を決定するのは不可能に近いと思えてくる。建前をどのように解釈したかは謎だが、五日後に埋葬することが決定した。これでもタイ族の葬式としては短い部類だという。ちなみに上新寨で納棺から埋葬までの最長記録は、一ヵ月だったそうだ。

夜の九時過ぎ村人が焼香にやってくる。各家の主人は死者と親族の前で頭を床につけ挨拶し、親族は白地の木綿布を渡していく。十時過ぎやっと棺が完成する。葬儀は、順調に粛々と進行しているようにみえた。ところが次の日に羅家に出かけると、息子と村長、副村長の李さん、それに知らない村人との間に険悪な雰囲気が流れている。昨晩私が帰ってから、激論になり全員が寝ていないという。息子は大声をだしすぎて声が嗄《か》れて何を言っているのかわからない。なんと棺を埋葬する場所をめぐって、土地の所有者とケンカになり、墓を作る場所のメドがたたないという。

七十個の魂と飛翔する魂

ところでタイ族は死ぬと、人の魂は七十個に分かれる。なかでも七個の魂が重要な役割を果たす。第一の魂は死者の肉体に留まり、棺の中に永遠にいる。第二の魂は、主の家に帰り家を守る。そのため家の中には、ホロンという先祖の魂を祭る祭壇が用意されている。第三の魂は、棺の中ではなく墓地に住み続けて、墓そのものを守る役目をはたす。第四から第七までの魂が、地上を去って天界に登る。天界にも墓地があり、第四の魂はその墓を守る。第五の魂は天界から地上を見張る役目で、第六と第七の魂は天界でうろうろして遊んでいる。そして残りの六十三個の魂は、天界と下界の区別なくフワフワと漂っている。

そこらあたりに浮遊しているのは、善良な死者の魂だけではない。葬式の三日目の夜は、七十個の魂を天に送るため、シャーマンに処理してもらう。ちゃんと処理しないと、分裂した魂が悪鬼に変化していろいろな悪さをする。川でおぼれたり、殺された死者の霊は葬式をだしてもらえず、これも悪鬼になる。日照り、干ばつ、不作、病気、不慮の事故だけでなく、道を歩いて滑って転ぶのも、悪鬼が生者に嫉妬して道端の苔に変化して滑りやすくするからだ。

ところで少数民族の他界観も、すべてがタイ族と同じではない。私たちは、者米谷以外に海南島に住むリー族の調査もおこなってきた。海南島は、中国の最南端にあり九州を少し小さくした島である。リー族の人口は百二十万人程度で、現在は主として島中央の山岳地帯で暮らしている。私が調査している初保村は、人口およそ二百四十人の山間の村である。彼らの墓は山の上にある。土盛りが墓で、山の斜面に向かって横に二つ並んでいる。しかしこの両方に死者が埋葬されているのではない。遺体は左手の土盛りに埋められ、右の土盛りには何もない。右の土盛りには山の神が住んでおり、死者の死後の生活を守っているのだ。土盛りの前に白く塗った高さ三十センチほどの板状の石を置く。これは死者の魂が、自由に出入りする門である。門がないと魂は墓から外出できない。石を白く塗るのも墓に帰ってきた魂が、門をみつけやすくするための心遣いだ。

彼らは墓の位置と方向を、非常に気にする。もしもこの門の前面に高い山があると、死者の魂が墓を出て飛翔できない。そのためこの小さな石の門は、必ず山が鞍部《あんぶ》になって少し低くなった方向に向けて設置される。墓所は、毎回風水を考慮して決める。そのため夫婦が同じ場所に埋葬されるとは限らない。魂は自由に墓を出入りし天空をかけめぐり、好

次頁写真：リー族の墓。白く塗った板状の石が魂の出入口

きなときに会うことが可能なため、夫婦を同じ場所に埋葬する必要はない。

リー族の死者の魂は、一般には村に帰ってくることもなく、普段は自由にあたりを楽しく飛びまわっている。ただ死んでから三日目の夜に、一度自分の家に帰ってくる。そのときは、イヌが死者の魂の後を追って吠えながらまとわりつくため、帰ってきたのがすぐわかる。家に帰った魂は、あの世にもって帰るため自分の所持品が残っていないか家捜しをする。だから野辺《のべ》送りのときは、故人の持ちものである、服、ベッドに敷いていたゴザ、フトン、歯ブラシ、ハシなどあらゆるものを、死者の魂がみつけやすいように道の脇に捨てたり、墓の周囲に置いておく。これをおこたると、死者

が怒って家の中で暴れる。いわゆるポルターガイストである。いずれにしてもリー族の魂は、タイ族の魂のように分裂せずに、先祖やしかも妻と一緒にすごす必要もなく自由に飛びまわっている。私はリー族のあの世観がとても気に入っている。

話をタイ族の葬式にもどすと、結局、墓を作る場所は村の村長と副村長の仲裁では両家は納得せず、者米郷の政府が仲裁に入った。決定は、新たに作られた村の共同墓地に埋めるという判断だった。ところがまたもや問題が発生した。隣村に住んでいた力のあるシャーマンが死んでしまって、その後継者は未熟で七十個の魂を正しくあの世に送る力量に問題があるらしい。これでは羅さんの魂が悪鬼に変化するかもしれないので、怖くて埋葬できない。酒を飲むにしたがって、村人は興奮し議論は終わらない。棺の埋葬は、本当に無事に執りおこなわれるのだろうか。

写真：スイギュウの屠殺

メインイベント

いよいよ葬式も四日目に突入した。死者の霊を送るシャーマンの問題はどうなったのか。どうやら今は身内で適当にやっておいて後日別のシャーマンに頼もうと、うやむやにしたらしい。いずれにしもシャーマンによる儀式はとりやめになったのだが、このことが後日またもや新たな問題を引き起こすことになる。

今日は、村外の親戚が羅家にやってくる日だ。まず午前中にスイギュウを一頭屠《と》殺して、ご馳走を作らなくてはならない。朝六時に羅家で飼っていた水牛を一頭川岸まで連れだす。スイギュウを屠殺するのは娘婿の重要な役目だ。スイギュウは暴れだすと手におえないので、村の屈強な若者が十人ほど娘婿の後に従う。スイギュウはすでに運命を察知

奠
白砂糖

しているのだろう、いつもは素直に主人に従うが今日は体を震わせ、なかなか歩こうとしない。川岸で素早く足に縄をかけ横倒しにし、両足首を縛って動けなくする。そして先を尖らした鉈《なた》で心臓をひと突きする。スイギュウは一声も発することなく絶命した。素早く皮をはぎ解体し、肉を村まで運び細切れにして大鍋にぶち込んで煮物にする。味付けは、塩と化学調味料だけである。

そのころになると、村外の親戚が正装して続々と羅家を訪れる。亡くなった主人と親しかった家は、ブタ、コメなどかなり値の張るものを香典として差しだす。十時ころになると村のあちこちで、人びとが集まっておしゃべりをはじめている。スイギュウの肉が配られるのを待っているのだ。こうして今日も村は、一日中、宴会で日が暮れる。

しかし息子を中心とする親戚は、呑気に酒を飲んでいるわけにはいかない。棺は村の共同墓地に埋葬することになったが、その中での墓の位置を決めなくてはならない。これがみていておもしろい。息子は、右手に竹竿、左手に生卵をもって墓地に立っている。まず墓の全面が開けて遮蔽物《しゃへい》がない場所を選ぶ。埋葬した後に、魂が墓から出ていくさいに遮るものがあると邪魔になるらしい。これは海南島のリー族と同じだ。次に息子が右手にもった生卵を地面に投げつける。これが割れると、亡き人もこの場所に埋葬されることに同意した意思表示と理解される。割れないともう一度村に帰って出直さなくてはならない

前頁写真：（上）村外から集まってきた親戚。女性と男性は別れる
（下）親戚はコメ、ブタ、タバコなどの香典を差しだす

出棺。親族の上を通る棺

ので、息子は思いっきり卵を地面に叩きつけ墓の場所を決めた。

葬儀は続く

五日目の朝六時に、またスイギュウを殺してご馳走作りがはじまる。七時になると、村の子供以外のおとな全員が羅家周辺に集まってくる。いよいよ出棺だ。棺を最初に担ぐのは村の若い連中十四、五人である。息子をはじめとする男性十数人の親戚は、棺の通り道に一列に跪《ひざまず》き頭を垂れる。その上を棺が通るのだが、すぐに立ち上がり運ばれていく棺を追い越してその前に再び一列になり跪き頭を垂れる。これを合計三回繰り返す。棺は一度村を出て、村の西を南北に流れる川にかかった橋を東から西に渡る。そして三百メートルほど遡った川岸から再度川を西から東に渡り、山を百メートルほど登るとそこが墓地になる。

なんのことはない。墓地に直接向かうとする

と、村を出て南西に歩けば川を渡ることなく五分ほどで到着する。ところが羅家は村の東の外れにあり、墓地に行くには村を横切らなくてはならない。村の中央には、村の精霊を祭る祠がある。死者はその前を通ることはできない。そのため大回するという面倒な手続きが必要だ。棺を担いだ葬列の先頭は、二人の若者が先導し常に爆竹を鳴らし続ける。川を渡り山を駆け上り墓穴に到着する

写真：墓地に向かう行列

と、素早く棺を下ろす。棺の上を息子が歩きながら、棺に巻かれた糸を鉈で切っていく。死者との決別を意味するという。埋葬は意外とあっさりしている。村人も手伝って棺に土をかぶせると、墓石をたてる数人を残して、さっさと村に引き上げてしまい九時前には終わってしまった。後は一日、ご馳走をたらふく食べ酒を飲み寝るだけだ。

葬儀の方法は基本的には毎回同じなのだが、それぞれの葬式には必ず事件がおこる。死者が出るたびに過去の葬式に関わる事件が語られ、死者の記憶も呼び起こされる。しかし村人も宴会疲れだ。彼らも農作業にもどり、私も本来の調査ができると思った矢先のことだ。なんと、土地争いをしていた相手のA家の当主が突然亡くなった。前日まで元気で少し風邪ぎみだったという。なぜ突然に亡くなったのか、原因をめぐって村内は大騒ぎだ。やはりシャーマンを招かず、身内で適当にすませたことが問題だろうかと憶測が飛び交う。そのためか葬式の期間は、前回の倍以上の十一日間と決まった。さて今回の葬式では、どのような事件がとびだすのだろうか。

次頁写真：棺の埋葬

水と棚田

棚田は「美しい」のか

者米谷で棚田を撮影していて、常に美しく撮ろうとしている自分にふと気づいた。「棚田＝美」という固定観念が頭にインプットされていたのだが、おそらく「日本の棚田百選」の影響が強かったのだと思う。一九九七年七月に農林水産省によって、日本全国の一一七市町村、一三四地区の棚田が「棚田百選」として認定された。主旨は「棚田は先人が山や谷を切り開き、石垣を積み上げ傾斜地に作られた田んぼで、先人たちの知恵と苦労の結晶である。棚田は国土保全、環境保全と同時に、階段状に大小さまざまな形の水田が集まる美しい景観は日本の原風景である。この美しい景観を、いつまでも守って欲しい」というものである。

インターネットの個人のウェブ上では、「棚田百選」の四季おりおりの本当に美しい写真が競うようにして掲載されている。私もそれに負けないように、中国で「美しい棚田」の写真を撮ろうとしていたのだ。しかしあまのじゃくな私は、いつのころから美しくない棚田の写真も撮りはじめた。すると今まで気づかなかった、棚田の別の姿がみえてきた。

真横方向から撮った棚田の写真は、迫力はあるが一般向きの美しさとは疎遠だ。棚田とは結局のところ、山の木を切り倒し禿げ山状態にし、斜面に上から下まで段々を削り込み、そこに土手を作り水を溜めるという大土木作業に他ならない。棚田の美称は日本風にいうならば「千枚田」であり、中国風にいうならば「雲の梯子」（雲にまでとどくハシゴのような棚田）だ。しかし山の斜面に刻まれた何千筆もの水田は、むしろ「雲の千枚ダム」という呼称がふさわしい。

写真（次頁）の場所はおよそ五十年前まで、トラの住む大原生林だった。それをわずか十年ほどで水田に作り替えた。今やトラどころか自然林もほとんど残っていない。なぜここまで山全体を棚田にする必要があったのか。今回は「棚田に生きる」という主旨通り、棚田そのものの話をしてみたいと思う。

横方向からみた棚田

二期作が可能なタイ族の棚田

者米谷は九つの少数民族が、高さによって住み分け暮らしているのだが、各民族の棚田は、似ているようで違いがある。私たち日本人からみて、日本の棚田風景に近いと感じるのは、タイ族の棚田かもしれない。谷の中央を者米川が西から東に流れるが、彼らは河川に近くに村を作る。棚田は者米川の河川沿いと、者米川に流れ込む谷筋の谷川周辺の斜面にひろがる。しかもその場所は比較的斜度の緩やかな、海抜およそ六百～七百メートルの間に作られる。ちなみに日本の農林水産省は、傾斜度が二十分の一（水平距離を二十メートル進んで一メートル高くなる傾斜）以上の水田を棚田としている。この規定からいえば、タイ族の水田は立派な棚田である。しかしタイ族にいわせれば、棚田（中国語で梯田）とは、山住のアールー族やヤオ族が作っている山の上の水田のことであって、自分たちの水田は平地の水田だと言い切る。

日本の稲作との最大の違いは、タイ族が二期作をおこなうことだ。日本でも高知平野なの

で、二期作をおこなっていた時代があった。大正のころが最も盛んで、昭和に入ると衰えたといわれている。気候が比較的暖かいため可能だったのだが、そのころの記録を読むと、一回目の稲刈りと二回目の田植えが重なる七月の終わりから八月のはじめが、一年中で一番忙しく一家総出での作業だったらしい。
　タイ族は二月〜三月のはじめに一回目の田植えをし、七月に稲刈りをおこなう。そしてすぐに八月に二回目の田植えをおこない、翌年の一月に収穫する。
田植えは日本にもあった、「ゆ

写真：斜面を削って棚田を作る。水牛で耕し水を流して完成。床土はない

タイ族の水田と田植え

い」（労働力を対等に交換しあう共同作業、または相互扶助組織のこと）によって村人総出でおこなう。このような田植えの風景は、私がまだ小学校のころ（昭和三十年代終わりから四十年代はじめ）までは、日本のいたるところで日常的にみることができた。

異なっている点を探せば、日本の場合、苗の植える場所を、縦縄・定規・ごろ（枠をころがして線をつける）といった方法で、丁寧に一定距離に保つ工夫をするのだが、者米谷ではこのあたりがかなりアバウトだ。苗の間隔に、かなりのばらつきがある。

タイ族にいわせるとコメの二期作は、一年中、水田で仕事をしていることになり本当に疲れるという。特に草とりがしんどい。別の機会に詳しく述べるが、タイ族は水田内に生えてくる雑草を食糧にして利用している。またタウナギやドジョウも水田のなかで捕り、これが貴重な動物性タンパク質になる。そのため除草剤をほとんど使わない。つまり、最近日本で流行している無農薬栽培に近い。だから除草は人力でおこなう必要がある。

タイ族からみると山住のヤオ族は、コメは一期作で残りの時間は草果の栽培や山で狩猟をして暮らしており、自分たちよりはるかに仕事が楽だという。反対にヤオ族の言い分は、タイ族は者米谷で一番いい土地を自分たちだけで占有しているという。一期目は在来種である糯米《もちごめ》を栽培して自家消費にまわし、二期目のコメは粳米《うるちまい》を植えて市で売って現金にかえている。だから者米谷で一番金持ちだという。言い分はそれぞれにあるのだが、タイ族の主要な現金収入が、コメにたよっているのは事実だ。

二期作が可能なのは、者米谷の河谷平野沿いの気温が高いことに加えて、水が豊かだからだ。棚田への灌漑は、谷川や谷筋の小河川を利用する。谷川の川岸に作られた取水口から水田までの用水路の長さは、数十メートル以内と短い。しかも谷川、谷筋の小河川は水量が豊富なため、灌漑用水が不足することはほとんどない。水田への灌漑方法は、一筆ごとの田の所有者が異なっていても、水を田越しによって上の田から下の田へと流し入れる。

コメによる現金収入があるので、コメ以外の野菜、マメ、イモ類などを栽培しない。市場で他の民族から買うのである。古老の話だと、者米谷の市場でのモノの売買で、コメそのものが貨幣と同じように通用した時代があったという。タイ族が、二期作はとても疲れるといっても、者米谷でコメ作りに有利な場所を占有したため、者米谷の民族のなかでは一番に裕福だ。

アールー族の棚田は水との戦い

アールー族は、者米谷の北側斜面の海抜およそ八百〜千三百メートルの高さに住む。者米谷では、海抜八百メートルを過ぎると、真夏の八月でも気温がぐっと下がり風が涼しく感じる。それだけでなく、この高さの上に住むか下に住むかでコメ作りそのものにも影響がでる。海抜八百メートル以上では、二期作が難しくなるのだ。亜熱帯とはいえ、二回目のコメ作りの期間である、八月～翌年の二月の気温が一年のなかでは低いためだが、もう一つの問題は水である。

アールー族の迫力のある棚田は、南北にのびる尾根の両側の斜面に広がっている。これを初めて目にしたとき、まず疑問に思ったのは水をどこから引いてくるのかだ。尾根の上を川が流れているのではなく、また湧水を利用しているのではないからだ。

実はこの棚田は、一本の用水路によって灌漑している。村人に、川からの取水口の場所を聞くと谷の一番奥を指さした。谷筋を流れる小さな川が、ちょうど用水路とぶつかるところだという。当然ながら水は下から上へは登らないので、棚田より高い位置から流れ下る川から水を引く必要がある。

村人によると、「一時間もあれば取水口につくよ」という。村から取水口まで直線距離にすると五キロぐらいなのだが、水路には道

はついていないので歩きにくい。結局は、私たちも村人と同じように水路そのものを道にして、靴を履いたまま水につかりながら二時間歩き取水口にたどりついた。これでもまだ短いもので、長いものになると十キロ以上の潅用水路もある。途中でスイギュウをつれた村人が水路を補修していた。水路は急斜面を削った幅三十センチほどの幅があり、谷側の土手はコンクリートを使うのではなく土を盛っただけである。尾根

写真：左斜面に水平に走るのが水路。遠くにみえる川との合流点が取水口

筋を蛇行しながら村まで引かれており、土手はちょっとした雨による増水で、簡単に崩れて水漏れをおこす。この一本の灌漑用水路が、村の棚田にとってはまさに生命線だ。しかし長くなればなるほど煩雑に補修する必要があり、維持するのが大変になる。こんなささいなことも、実際に歩いてみないとなかなかわからない。

緻密で厳密な水の分配システム

引いてきた水を棚田に振り分けるのだが、これが上の棚田から畦畔《けいはん》越しに下の棚田に水を落とすという、タイ族だけでなく日本の水田でも一般的におこなう方法とは全く異なるのだ。説明が少し難しくなるのだが、私が調査した村を例にしてみよう。尾根の棚田は水の分配の仕方からみると、水田が五十~百筆集まった四つの棚田グループに分けることができる。

村まで導水された水は、村の入り口に設置された分水木（横木に抉りを入れたもの）で、四つの棚田グループに分水する。この分水木には、二十センチ幅で七つの抉りがある。このうち写真に

写真：分水木。これで水を公平に分けていく

むかって左三つ分の抉《えぐ》りを通った水は、第一の棚田グループに、その他の四つの抉りを通った水は、さらに手前にみえるもう一つの三つの抉りが入った分水木を通すことで、残りの三つの棚田グループに分配する。つまり四つの棚田グループのうち、第一の棚田グループには導水してきた水の二十一分の九が、残り第二～四の棚田グループに、それぞれ二十一分の四の水が自動的に流れる仕組みになっている。

さらに複雑なのは、一つの棚田グループには、五十～百筆の水田が斜面に上から下へと併行に並んでいるのだが、水の分配からみると上、中、下の三つのまとまりになる。ここでも分水木で水を三つに分割し、さらにそれぞれの水田に上から下に沿って設置されたおよそ二十基の分水木によって細かく水を分け、一筆ごとに水を水田の横方向

から入れていく。写真をみてもアールー族の棚田は、田越しによる水の流れがみえず、一筆ごとの水田は斜面に沿って横方向に長く水路状の形をしている。長いものではおよそ四百メートルにも達する。

説明がどんどんわかりにくくなっていくので、彼らはこの複雑なシステムを使って何をしているか結論をいうと、水の分配は実は家族内における労働が可能な人数を根拠にして算出している。例えばAさんの家には、夫婦と息子の三人が棚田で働ける労働人数だとする。分配される水は、村に来た水を百とすると、一人分はおよそ〇・二パーセント、三人分でおよそ〇・六パーセントの水が供給されるよう、設置された分水木の抉りの幅で調整する。村人と水田を全部調べたのだが、各家庭と労働者に人数の関係は、例外なく厳密に規定されている。

おもしろいのは各家の水の分配量と、各家が所有している棚田面積の関係である。最も差がある家で、三・五倍もの差があった。水田面積を広くとっても、水が少ないとコメの収穫量はむしろ少なくなる。水の供給量は各家の動労者の人数によって厳格に規制されているのだが、反対にその水をどのように使うかは、各家の自由裁量にまかされている。

これほどまでに水の管理を厳しくするのは、利用できる水の量が河谷平野で暮らすタイ族と比べて少ないからだ。この分水木も、抉りの高さより水の量が少ないときに自動的に

次頁写真：アールー族の田植え

機能する。水が抉りの高さを超えると必要なくなる。つまりこの複雑なシステムは、灌漑用水が常に不足していることを前提としている。

アールー族は水路の管理費を、村の各家庭から徴収する決まりになっている。一人分の水配分量に対して七元（およそ一〇五円）を徴収し、村人から二人の管理人を選び彼らにこの管理費を渡す。二人は水源から村までのおよそ五キロの灌漑用水路および、棚田内の各用水路の管理・修復をおこなう。ところがタイ族の村では、毎年、各家の水田面積に応じて管理費を徴収する。その額は水田一ムー（六・六六七アールー）に対して四元である。つまりタイ族は水が豊富なため、所有する水田面積が管理の基準になり、水が不足するアールー族は水そのものが管理費の基準になる。このようにアールー族の棚田は水をいかにして確保し、村人に公平に分配するかという工夫がつまっている。

棚田の美しさとは

アールー族の棚田の灌漑システムの謎が解けてきたころ、当然ながらさぞかしこの棚田でのコメの生産量は高いのだろうと思った。タイ族と同じで、市場で余剰米を売って現金収入を得ているのだろうと。ところがアールー族が市場で売っているのは野菜ばかりだ。

意外なことにほとんどの家で、棚田で生産したコメは七、八ヵ月で食べ尽くしてしまう。村の農地と彼らの年間の仕事の関係を調べていくと、彼らは畑で栽培する野菜類を市で販売して現金収入にしている。足りないコメは、野菜を売ったお金で買っていたのだ。彼らはコメの収量を上げるために原生林を切り開き、利用できる場所はすべて水田にした結果、山全体を棚田にしてしまった。しかし皮肉なことにコメの自給はままならない。

それにしても、アールー族の棚田はやはり美しいと思う。それは日本の棚田百選を選ぶ一つの基準だった、「さまざまな形の水田が集まる美しい景観」という水田の造形的な美しさだけではない。この棚田には尾根の斜面という条件の悪い場所で、いかにして水を効率よく使い水田面積を確保するか、人々の必死の知恵や技術が結集している。そして今を生きる人々と自然との関わりが、棚田を通じて生き生きとみえてくる。だからこそ美しい輝きをはなっているように思う。

写真：棚田の稲刈り

ヤオ族の歌垣

歌垣《うたがき》とは

私の職場がある千葉県佐倉市（成田空港のある成田市の隣）から、車で北に二時間走ると百名山の一つに数えられる筑波山に着く。筑波山といえば、ガマの油を思い浮かべる方もいると思うが、「万葉集」に歌垣について歌われたことでも有名である。歌垣とは「上代、男女が山や市などに集まって互いに歌を詠みかわし舞踏をして遊んだ行事。一種の求婚方式で性的解放がおこなわれた」（広辞苑から）というものである。

歌垣の風習は古代日本のほかに、現代でも中国南部からインドシナ半島北部の諸民族に残っている。日本と中国南西部の少数民族との歌垣の風習には何らかの繋がりがあり、この地域と日本は共通の文化圏を築いていたという、「照葉樹林文化論」の根拠の一つとして、日本文化のルーツを雲南にもとめる研究者もいる。私は貴州のミャオ族や海南島のリー族の歌垣をみたことがあるが、いずれも観光化されており正直いって何の感銘も受けなかった。ところが者米谷で調査をはじめて早々に、ヤオ族の村でこの「歌垣」の現場に遭遇してしまった。しかも、未だに恋愛や結婚と深く結びついて実際に機能しているのだ。今回は、者米谷のヤオ族の歌垣について紹介してみたいと思う。

歌垣の第一日目の夜

今回の舞台である梁子寨瑤村（ヤオ族）は、「トラの棲む黒い森」（47頁）で登場した。海抜およそ一千百メートルの尾根上に棚田をつくり、ベトナム国境の原生林で森を巧みに利用しながら生活している人々である。

二〇〇三年の十一月に、この村での住み込み調査をはじめた。困ったのは、共通中国語が通じないことだ。そこで山の小学校の先生に、ときどき通訳を頼むことにした。夜、村長さんの家で晩ご飯を一緒に食べながら、まずは仲良くなるため学校の話を聞きはじめた。

梁子寨瑤村に山の小学校があり、先生が二人いる。彼らが受け持つのは、梁子寨瑤村周辺の、ヤオ族の村（新寨と梁子寨瑤二隊）と、クーツォン族の村（老陽寨と梁子寨苦総）である。いずれも共通中国語で授業をおこなっているので、私とも話が通じる。山の小学校には生徒は五十一人いる（二〇〇三年当時）。男の子は二十九人、女の子は二十二人で、全員がヤオ族である。クーツォン族の村の子どもたちは、親をいくら説得しても学校には登校しないそうだ。

酒を飲みながら村の情報を聞いていると、今晩、およそこの村から東に百キロ離れた老烏寨という村から、ヤオ族の若者が結婚相手をさがしに集団でやってくるのだという。もちろん梁子寨瑤村の未婚の女性から、結婚相手をさがすためである。そのときにヤオ族の歌が聴けるぞ、という。どうやら歌垣の儀式らしい。ヤオ族は外婚性だ。村の若い男女は、いわばみな兄弟姉妹の関係なので結婚できない。そのためヤオ族の若者たちは、他村に出かけ結婚相手をさがさなくてはならない。梁子寨瑤村の既婚の女性も、みな他村出身である。

さて以下の歌垣の様子は、一緒に調査していた篠原徹さんの観察記録をもとにしている。夜八時ごろ、部屋で休んでいる私たちに小学校の先生が声をかけた。老烏寨村の若い男たちが、すでに山を登って村に到着して儀式がはじまっているという。歌垣の場は、村の雑貨屋さんの土間でおこなわれていた。入り口は村人ですでに一杯だ。おもしろいことに女性と子どもだけで、成人の男性は近くを通っても関心をしめさない。

四人の村の娘が、入り口の左側の壁近くの背の低い長椅子に、お互い肩を寄せ合って壁に向かって座っている。儀礼に参加する娘は、新しい濃紺の藍染めの上下を着用し、頭には五色の毛糸が垂れ下がった装飾と腰にも五色の毛糸で着飾っている。伝世品かと思われる銀製の華美な細工のネックレスを、首に何本もかけている。耳環もまた普段とは異なる大きなものだ。そして、ここだけが不自然なのだが、真新しい真っ白な運動靴を履いている。

娘たちの歌声は低く、異なる何曲かを歌っているらしいのだが違いがよくわかない。小学校の先生によると、「はるばる遠いところからよく来てくれました」という歓迎の歌らしい。水煙草をくゆらしている雑貨屋の主人が進行役である。今回の歌垣は、この主人が全体をとり仕切るのだという。娘たちは壁に向かっているのだが、ときどき肩越しに若者の集団の誰かを盗み見している。

今度は若者の番である。若者たちは十一人であったが、三つの集団にわかれ円形に頭を寄せ合い、真ん中に水煙草を置き回し飲みをしている。若者のほうは頭を下げ、そらとぼけたふりを装っているのである。進行をとり仕切る主人に促されて、若者たちは答礼の歌を歌いはじめる。これまた、抑揚のない単調でゆったりとしたリズムで、娘の歌ったメロ

ディーと区別がつかないのだ。進行役の主人は穏やかな目つきでありながら、しっかりと足らないところを観察しているようで、娘たちに歓迎の意が足らない、若者たちに答礼が足らないと再び歌を促す。後で聞いた話だと、この雑貨屋さんの主人が日頃は村の若者や娘を集めて、歌垣の歌の練習をおこなっているらしい。

雑貨屋さんの土間は、自家発電の小さな電灯が上から吊り下げられているだけで、薄暗い。娘と若者の間には炉があって、火が焚かれていた。途中、村の男が電池を買いにきたが酔っているようで、なかなかでていかなかった。しかし店の主人は、鷹揚《おうよう》に笑顔で応対していた。その間も絶えることなく、歌が続けられている。もう二時間近くこうした時間が流れている。十時半ごろ、にわかに雰囲気が変わった。小学校の先生の話では今日はここまでだという。店の主人の振る舞いで、若者たちに食事が配られた。若者たちの前には三つのテーブルをしつらえ、炉の上に鍋が置かれていた料理が配膳された。豆腐を煮たもの、豚肉料理、卵の炒めもの、それに野菜スープであった。そして白酒(蒸留酒)が配られた。娘たちは、これには一切関与しない。

私たちは、この日はこれで引き上げた。篠原さんと興奮しながら歌垣について夜中まで語り合ったのだが、その指摘がおもしろい。「こんな延々とした音楽がどこまでも続くとなれば、若者の我慢も相当なものになるはずだ。この儀礼が願望や希望を直接的に表現し

前頁写真：(上) 一日目の夜。壁に向かい歌を歌う娘たち
(下) 一日目の歌垣の終了後、食事をする若者たち

てはいけないものとして、一種の忍耐を要請しているように思える。歌垣というのは、願望や欲望の抑制装置なのではないか」というのである。

歌垣の第二日目の朝

次の朝、私たちが雑貨屋に到着すると昨日とはうって変わって、儀礼の場は男と女の直裁的な駆け引きの場になっていた。二人の娘が、二人の若者を対象に歌を歌っている場面が展開し、もう二人の娘は壁の席で控えている。他の若者は、昨日の食事をした席に同席して座っている。二人の娘は立って右手に箸を左手に料理の入った椀をもち、歌を歌っている。どうやら二人の若者のうち、どちらかが意中の人らしい。

若者は笑いながら歌を聞き、娘も微笑と恥じらいの仕草をしながら歌っている。そして、椀から料理を箸でとりだし、相手の椀に入れるのである。若者はそれを食べ、雰囲気は徐々に楽しそうなものに変わっていき、ついに二人の娘は若者たちの席に座ってしまった。

今度は座った二人の娘に対して若者が二人立ち上がり、娘と同じように椀と箸をもって歌いながら、料理を娘の椀に入れる

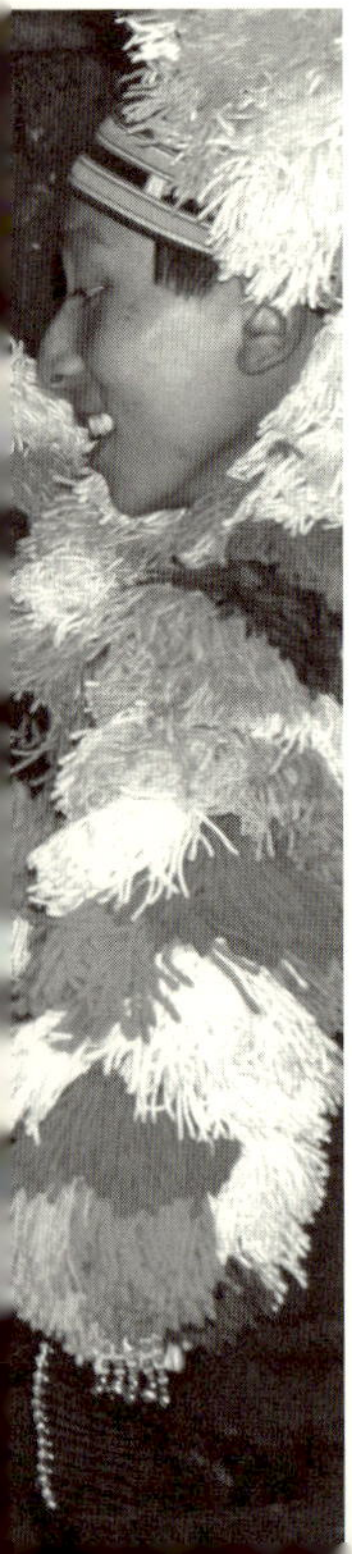

写真：二日目の朝。若者に料理を入れようとする娘

ふりをする。この若者の仕草はユーモラスで、みていても相手をじらしているのがよくわかる。なかなか椀に料理を入れないのだ。娘のひとりが思い切ったように立ち上がり、若者に料理を入れるよう催促して両手で椀を差しだしたが、若者はそれを笑いながらみている。この行為は、娘がその相手を気に入っているのに若者のほうはそうではないことを認めさせているのか、あるいは一種の演技を楽しんでいるのかわからない。しかし、この若者はこの娘の隣に座っている娘の椀には、いとも簡単に料理を入れてしまった。

歌垣の五日目の朝

私たちは、次の朝、他の村でも予備調査をおこなうため一度山を降りた。そして五日後に再び山に登った。そういえば、若者たちの梁子寨瑤での滞在は五日間と聞いていたので、例の雑貨屋さんを覗きにいった。そこで私たちは、若者たちがこの村を去る別離の儀式めいたものにまた出くわしてしまった。

雑貨屋さんの入り口には、年端のいかない若い娘、つまり今回の若者たちの対象となっていない娘が二人、長い竹の棒で入り口を塞いでいるのだ。若者たちは、この入り口あたりに固まっていて格好も来たときのままであるから、それは華やかなものである。入り口の前には、それこそ村の既婚、未婚の女性が勢揃いしていて若者たちをみて愉快そうにはやしたてている。そのなかに混じって、頭の冠に五色の毛糸を巻いた未婚の女性がひとり手にグラスと瓶（ジュースのような飲みもの）

ともうひとりは椀と箸をもち、例によってあのもの悲しいような、また悠長な歌を二人で歌っているのだ。
　年端のいかない若い二人の娘は、いつかこの儀式の候補になるのだろうが、竹の棒を上にしたり下にしたりして、若者がこの雑貨屋さんから抜け出ていくのを阻止している。これは明らかに「返さない」という「返したくない」という儀礼的な行為で、冗長だけれども若者は竹の棒を無理に突破しようとはせずに、笑いな

写真：竹の棒で若者が帰るのをじゃまする

がらうまくすり抜けようとする。ときに娘がこの囲いに入り、箸で若者の口に食物を入れている。また飲み物もふるまっている。若者たちは去りがたいという意志を演技しているし、娘は別離を惜しむといった風情を演技している。もはや儀礼は終局を迎え、まさに帰るところであった。

ひとり抜け、ふたり抜け、最後の若者が抜け去ると、先に抜けていた若者たちは村内にいたらしく、ここから脱兎のごとく村の入り口から急坂を下りはじめた。もう一方の主人公の娘をはじめ、多くの女性がこの村の入り口に向けて走り、そこで立ち止まった。これまた一種の約束事のようで、この坂の上で女たちはたむろするのだ。そして娘は、例のあの悠長なもの悲しい歌を歌うのである。これは別離を惜しむといった歌詞にちがいない。するると坂の下から返歌として、若者の歌が帰ってくる。こうしたやりとりが、しばらく続く。主人公以外の既婚の女性たちは、ときどき歌いもするが、暢気《のんき》なもので大半は刺繍をしながらおしゃべりしている。物見高い子どもに男の子が混じるけれども、それ以外の男たちはほとんどが無関心だ。ときどき途中で鍬を担いで山を降りる男や、ラバに荷を背負わせて上がってくる男もいる始末だ。

するとこれも決められた手筈であるようだが、主人公の娘二人が若者たちの帰りの食事であるバナナの葉でくるんだ糯米飯を、籠に入れて山を駆け下りていった。山道の途中で

渡すのだろう。やはり二人の女性がやはり籠に何かを入れて駆け下りる。最後には、明らかに主人公であった二人の女性が、籠ではなく竹のバッグをもって降りていった。坂の下でみえていた若者数人が、奇声ともかけ声ともつかない声を発して、山を一気に下りはじめた。この声がこだまると、村の入り口にいた女性たちも、それに答えるようにまた一種独特の奇声を発する。互いに別れがたい気持ちを、一気に断ち切るような別れ方であった。

バイクと歌垣

歌垣は出会いの場である。この後、もし若者が気に入った娘がいたとすると、かつ

写真：バナナの葉に糯米をつつみ男に送る

ては使者が娘の暮らす梁子寨瑤に派遣されて、同意が得られると正式な結婚へと進みはじめる。小学校の先生に、「それだと時間もかかり、なかなか結婚までに至るのは大変でしょう」と聞くと「大丈夫。今は携帯電話で連絡するから」という返事だった。

者米谷では、九つの民族が住んでいるが、そのすべてで歌垣をおこなっているのではない。例えば、者米谷で河谷平野に住むタイ族の男女の出会いは、ヤオ族とは全く異なる。タイ族の未婚の娘たちは、夕飯後、村を結ぶ街道に数人単位で出かけ、たき火をおこし、串に刺した魚などを焼いて食べながらおしゃべりに興じる。村の若者たちは、この火と食べ物におびき寄せられ娘と語らう。お互いに意気投合すると、二人はつれだち闇に消えていく。

ところがこのタイ族の出会いのたき火に、他の民族の若者が入り込むことは絶対にない。反対にタイ族の若者が、ヤオ族の歌垣に参加することはない、というより言葉も異なるしあまりに独特の世界で理解できないだろう。者米谷の各民族の女性が着るそれぞれに特徴のある服装は、若い男女が他の民族の異性を好きにならないように、一つの民族の間だけで通じる美しさや魅力を作り上げ、差異を強調するあまりに派手になっていったのではないかとさえ思えてくる。雲南と日本の古代の歌垣を結びつけるのはさておき、ヤオ族の歌垣は、ヤオ族同士だけが結婚し一つの集団として維持していく上での装置として、重要な役割をはたしてきたことだけは確かなようだ。

さてヤオ族の歌垣は今後も存続するのだろうか。今、中国の経済発展の波がこの地域に押し寄せようとしている。写真（次頁）ははじめて歌垣をみてから四年後、梁子寨瑶から東に百キロほど離れた川沿いの町で撮影したものだ。ヤオ族の若者と娘は、明らかに歌垣の際に着るあの独特の華やかな服装を着用している。ところが彼らはバイクに乗って、ラジカセで大音量の今風の音楽をかけながら町を走り回っていた。歌垣の儀式での悠長な歌よりも、ぴかぴかのバイクのほうがはるかに娘に自分をアピールでき、彼女にする時間も短縮できるのだろう。ヤオ族の生活に埋め込まれ、恋愛をし結婚に至るまで本当に意味があった歌垣は、今やバイクに抜き去られ、おいてきぼりにされようとしている。

歌垣の服装でバイクに乗って駆け回るヤオ族の若者たち

者米谷の定期市（前編）

「弘法さん」と「土佐の日曜市」

私は市とか縁日といった、人と露店が集まる場所が大好きだ。者米谷での調査のきっかけも予備調査のさいに、たまたま者米の町で開かれた定期市と偶然出会い、その喧噪《けんそう》ぶりがあまりにおもしろすぎたためだ。私の日本でのお気に入りは、京都の東寺の「弘法さん」の名で慕われている縁日と、高知市で開催されている「土佐の日曜市」だ。

「弘法さん」の縁日が東寺に参拝する人びとを相手に成り立ってきた市であり、一方、高

知の市は、町近郊の農家が野菜などを町の住人に売ることを中心として成り立ってきた。ただ最近は、いずれも地元の人びとの日常的な買い物というより、観光目的で他県からやってくる方も多い。

共通しているのは、縁日や市はその地域の歴史や人びとの生活のあり方が色濃くすり込まれているだけでなく、なぜか訪れる人を魅了してやまないことだろう。者米谷の少数民族が集う定期市も、同じことがいえる。

定期市の調査は難しい。というのは人も店も多く、しかも半

写真：市がたった者米の町。山の上にみえる村から人びとが市に集まる

日ぐらいで終わってしまうからだ。はじめは人混みにもまれて、何を調査していいのかわからずウロウロするだけだった。そこで私たちは、まずは市の一日を腰を落ち着けて観察することからはじめた。

市の前日から当日の朝

者米谷では六ヵ所の町や村で、六日に一度の間隔で市がたつ。これから紹介するのは、十一月のある日、者米でたった市の一日だ。者米の町は、谷を東西に走る公道と直角に交わる南北の道路沿いに広がっているのだが、市がたつ日はこの道沿いにおよそ三百店の露店がでる。町には、雑貨、衣料などの商品を販売する常設の店舗や食堂などがある。しかし平日は、店に客の姿はほとんどない。店の主も暇そうに、雑談、マージャン、トランプで時間をつぶしている。

ところが市がたつ前日になると、町はどこかざわついてくる。遠方から来る村人には、前日の夜から者米に泊まるものもいる。そのため、ふだん町ではみかけないヤオ族の若い娘が、食堂で毛糸のボンボリの飾りがついた帽子をかぶったままで、朝からご飯を食べていたりする。

市の朝は早い。当日の六時前には、何台ものトラックが通りに乗りこんでくる。定期市を巡って、商売をしている移動商人たちだ。荷台には大きなビニールの袋や段ボールに入れた商品を山積みし、側面には長さ二、三メートルのタケを何十本もくくりつけている。トラックは、通の南の端から順に荷物とタケと人を道路わきにおろしていく。手際よくタケを組み立て、台にして商品を並べていく。品物は、衣料品や靴、それにトイレットペーパー、ちり紙、懐中電灯、豆電球、ボールペン、櫛、ライター、キャラメル、トランプ、化学調味料、インスタントラーメン、シャンプー、マッチ、塩、洗剤などの日用雑貨だ。

常設の商店も店の前面に台を広げ、服、靴、フトン、ポリバケツなどの生活雑貨を並べはじめる。市のたつ日は、常設店が露天商に早変わりする。食堂の朝も早い。平日は客が少ないため、昼食から営業するところが多い。ところが市のたつ日は六時前には店を開け、市に集まってくる人びとの朝食をあてにして仕込みの準備に入る。炒めものに使うブタ肉を細切りにし、野菜を洗い、味をよくするために、豚足はガスバーナーで焼き大鍋で煮る。米線というコメでつくった麺は、安くてボリュームがあり人気がある。どこの食堂も、米線を大量に仕入れて洗面器に山盛りにしてある。

六時を過ぎるとタイ族の女性が、トラックで運びこんだトウガラシ、ピーマン、セロリ、ジャガイモなどの野菜や、リンゴ、ミカンなどの果物を仲買から買いとり道路にゴザやビ

通りを埋め尽くす露店と人

写真：野菜を売るアールー族の女性

ニールシートを敷いて並べはじめる。
　タイ族の女性が場所を占拠し終わったころ、アールー族の女性が重たそうな背負籠を背負い、走りながら町にかけこんでくる。しかしそのころには道路に面した条件のよい場所は、すでにタイ族の露店に占められており、しかたなくその後ろ側の歩道に品物を広げる。彼らは者米から歩いて、およそ三時間かかる村からやってくる。夜明け前に出発し、懐中電灯たよりに山道を急いでも、市に六時前に到着するのはかなり無理があ

写真：肉売り場

る。野菜の売り手の多くは、タイ族とアールー族の二つの民族が中心なのだが、アールー族が売っている青菜、ヘチマ、ニラ、モヤシは、自家製の露地栽培で味がいいと人気が高い。

ブタ肉を販売する露店は、六時にはすでに開店し営業をはじめている。青果の露店で品物を売るのが女性なのに対して、肉を売っているのは男性である。朝一番に肉を買っているのは、食堂の主人たちで料理に使う肉をまとめ買いしている。

六時三十分、市の入り口では、ハニ族を乗せた乗り合いトラックが到着していた。数人の女性たちが、大きなビニール袋と空の背負い籠をかかえて町はずれにかけていく。袋の中身は綿だ。彼女たちは仲買店で綿を現金にかえると、空の背負い籠だけをかついで露店のたつ通へと向かった。

動物の鳴き声でにぎやかな午前中の市

買い物客が市に本格的に集まりだすのは、八時を過ぎてからだ。周囲の村から市にやってくる人びとの交通手段は、乗り合いバス、市の日だけ走る臨時の乗り合いトラック、ト

ラジー（トラクターを改造した乗り合い自動車）、バイク、そして徒歩だ。

市の入り口の反対側の道路も、また市の一部だ。ここではニワトリ、ダックとそのヒナ、それに子ブタなどが売られる。市のなかでも、最もにぎやかな場所の一つである。ダックやニワトリのヒナの鳴き声と、子ブタの悲鳴に近いような叫び声に加えて、売り手と買い手の熱をおびた大声の交渉が加わるからだ。

自分の家で飼っていたニワトリを、一羽だけ手にぶら下げ売っている村人もいる。彼らは専業の商人ではないので、さお秤《ばかり》を所有していない。そのため、なかには自らさお秤を持ち歩き、ニワトリの重さを自分で量り、売り手の村人と値段交渉をする客もいる。

ヒヨコは、重さではなく一羽単位の値段で売られている。価格は交渉次第で上下するので、買い手と売り手が激しく掛け合う。一羽の値段が決まると、買い手は品定めして籠から気に入ったヒヨコを選びだす。若い女性もスカートの裾をまくり上げ、とにかく元気のよさそうなヒヨコをみつけるため必死だ。

半物々交換もある

十一時ごろ人出のピークを迎える。タイ族とアールー族は青果の種類だけでなく、売

前頁写真：（上）ブタを物色するアールー族の親子
（下）ヒヨコを選ぶタイ族の女性

る方法も異なる。タイ族の露店は果物にしても野菜にしてもさお秤を使い、一斤（五百グラム）単位に値段をつけた量り売りである。ところがアールー族は、さお秤をもたず青菜などの野菜を束にして、一束一元という売り方だ。モヤシはくって束にはできないので、お碗一山を単位にして、〇・五元で売っている。

このころ、野菜を売っているアールー族相手に商品を売ろうとする、露店をもたない移動販売が現れる。藍染めの布を商う、ハニ族の女性である。彼女たちは、背負い籠に売り物の布を入れて市を歩き、野菜を売っているアールー族の女性に声をかける。女性の買い物は、時間がかかる。ハニ族が持ちこんだ藍染めの布を、数人のアールー族の女性が品定めに熱中するあまり、本業の野菜売りはそっちのけだ。支払いは

写真：アールー族の女性に布を売るハニ族の女性

現金が多い。しかし売り物のトウガラシなどの野菜と現金を組み合わせて支払う場合もある。「半物々交換」とでも呼べそうなやりとりだ。
ブタ肉売り場だけは、高さ一メートル程度の立派なコンクリートの台がしつらえてある。台の後ろに売り手がひかえ、いずれも一人が一頭まるごとのブタをさばき、全部の部位を一日で売り切る。冷凍保存する施設がないためだ。だから客をさそう声も大きい。
通りの衣料、靴、雑貨店の露店はどれも同じ品揃えにみえる。しかし買い物客は、各店を丁寧にみながら目的の商品を探している。後にわかるのだが、店によって微妙に品揃えが異なる。こういった露店に混じって、葉タバコ、酒、ライターなどの商品を販売する店や、マントウ、蒸した糯米、焼いた臭豆腐（豆腐の表面を

写真：臭豆腐を食べるアールー族の女性

服を売る露店

発酵させたもの）などを売る飲食店、それに時計の修理屋などが露店をだしている。者米谷では巻きタバコよりも、むしろタケ筒を使った水キセルが好まれる。何種類かの刻みタバコが、四角柱形に固めてある。タバコの葉も重さに応じた量り売りである。客は、店が準備した水キセルで試しに吸うことができる。なかには刻みタバコを買わずに、タバコ店を渡り歩き、ただで試飲のはしごをしている男性もいる。

露店の酒屋の酒はポリ容器に入れてあり、これも量り売りである。トウモロコシで醸造した白酒（蒸留酒）で、アルコール度数は三十〜四十度と高い。酒屋もかなり気前よく試飲させてくれる。女性たちはこまめに買い物をしているのだが、一部の男連中は、買い物はそっちのけで、タバコや酒の試飲を楽しんでいる。

写真：刻みタバコを売る露店

通りの入り口から百五十メートルくらい進むと、ワイシャツ、ズボンなどいわゆる洋装を扱う露店が立ち並ぶ。ところが本通りの雑貨店や青果を扱う横通と比較すると、それほどの混雑はない。むしろ藍染めの布地や服の縫いとりをするための糸、それに飾りに使う毛糸を売っている露店に、ヤオ、ハニ、アールー族などの女性たちの人だかりができている。それに都会で流行っているジーパンなどの既製服を売る露店よりも、通りの南の端に店をだしているハニ服専門店は、大混雑で売っている服がみえないほどだ。通りにある「満口香餐庁」食堂は、タイ族が経営している。ここのタイ族の娘は、時折ハニ風の既製服を着て店の手伝いをしていた。者米谷では、ジーパンを着るのと同じような感覚で、ハニ族風の服が一種のおしゃれになっている。

午後は急速に市の収束へ

十二時を過ぎると、早くも市のピークは過ぎ、通りの客足が次第に減ってくる。かわりに、露店の後ろに店を構えた常設の食堂がにぎわいをみせる。周辺の村からやってきた、ハニ、ヤオ、アールー族などの村人が、同じ食堂内で食事をとっている。男はたいてい、仲間たちや市で出会った知りあいと酒を飲んで大騒ぎしている。女性たちは、互いに買った品物をみせあいにぎやかだ。ところが異なった民族同士の会話は、まったく聞こえてこない。

昼を過ぎると市は、急速に収束へと向かう。町の外からやってくる衣料や雑貨の露天商は、もう店じまいに入る。十四時を過ぎると、ハニ、ヤオ、ミャオ族の姿は市から消える。しかし、市は完全に終わったわけではない。

午前中は果物や野菜を売っていたタイ、アールー族の女性が、今度は売ったもうけで、反対に買い物客に早変わりする。朝は強気だった肉屋の主人も、残った肉を売り切ろうと焦りはじめ、ディスカウントをはじめる。客の値引き交渉も、肉屋のあしもとをみて厳しい。例えば脂身の肉を、一斤三・〇元と午前中より〇・五元値下げしている。しかしそれ以上はなかなか下げようとしない。なんとか売りさばこうとして十グラム程度の肉をサービスする作戦にでる肉屋もいる。

この時間帯で最も混雑しているのは、通りの北の端の公道との辻付近である。村に帰る人と、客待ちの乗り合いトラックやトラジー、それに露店が入り乱れ大混雑になる。

特にサトウキビは、おみやげとして人気が高い。二メートル近いサトウキビは、地面にそのまま並べて売られている。このままだと、背負い籠には入らない。そこで何本かに折って持ち運びやすくする。なかには売り手が他の客に応対している隙をねらって、そっともう一本勝手にとりだして、素早く折り持ち帰ろうとして店の主人にみつかり、とっくみあいになるのも珍しくない。

市の十四時～十五時三十分

十四時を過ぎると衣料や雑貨の露店は、ほぼ店じまいを終える。通は喧噪の後でゴミだらけだ。残った果物を売っている露店の前には、中学生が多い。者米谷では、中学校が者米の町に一校あるだけだ。山間部出身の生徒は、日帰りでの学校の行き帰りは不可能なため、寄宿生活をしながら勉強をしている。彼らのおやつになるのだろう、売り手もおまけしてかなり安く売ってくれる。

十五時三十分を過ぎると、本通りの南端から政府に雇われたアールー族の男女四人が通りの掃除をはじめる。それにつれて、客もいないのに店をまだ開けていた露店も撤収を余儀なくされる。そして通の北の端まで大量のゴミを集め終わる、およそ十六時三十分ごろ定期市は完全に終了する。

写真：市に野菜を背負って駆け込むアールー族の女性

者米谷の定期市（後編）

市はもうかる

私たちは者米谷のちょっとした有名人だ。者米谷の人口は二万人弱だが、者米谷で暮らす人びとほぼ全員が私たちのことを知っていると思う。はじめて訪れる村でも、かならず誰かに「市でみかけたことがある」といわれるからだ。者米谷でたつ市にはすべて出かけて、店数、品物、市に来る人数と民族、移動商人などについて調べた。市でおかしな中国語で質問をあびせ、フィールドノートを広げて記録し、写真を撮りまくっている変な日本人はすごく目立つ。者米谷では、四つの町や村で六日ごとに市がたつ。市日には、その周辺の村人が集まる。大人だけでなく、子どもたちにとっても市は楽しみの一つだ。だから

市通いをしていると、者米谷のほとんど全員が一度は私たちの姿を目にすることになる。「面がわれている」ことは、老若男女や民族の違いに関わらず、者米谷で暮らす人々が日常的に市に通っている一つの証拠だともいえる。

さて者米谷で、私たちの存在が認知されていることで便利な面もある。村や市で質問しても、あまりいやがりもせず、おもしろがって質問に答えてくれる。者米でたつ市で野菜を売っているのは、山の上でものすごい棚田を作るアールー族だ。市でのやりとりはこんな風だ。私、「山の上の村から野菜を運ぶのは大変やろ。でももうかるんやろ」。野菜売りの女性、「なにゆうてんねん。しんどいだけで、何ももうからへんわ。キャキャキャキャ」といった具合だ。

写真：市の見世物小屋。一回一元。「美女蛇」。顔は美女で体が蛇。本当だった

アールー族の場合

お金の話になると、そう簡単に本当のことはしゃべってくれない。そこで私は彼女たちが市で野菜を売っている隣で世間話をし、ときどき野菜売りを手伝いながら、どのくらいの収入があるのか計算してみた。モヤシを売っている「モヤシばあさん」は、そのときお椀一杯一元で売っていたのだが、背負い籠山盛りの量を朝七時から三時間ほどで売り切った。売り上げはおよそ五十元（約六六〇円、調査時の一元＝およそ十三円のレート）。隣で青菜を売っていた「青菜姉ちゃん」も、およそ六十元（約八百円）のもうけがあった。実は彼らにすると、これは結構な収入なのだ。半日一緒に座って、野菜売りを手伝っていると「兄ちゃん、あんたもひまやな」といいながら、モヤシばあさんも青菜姉ちゃんも、家の収入について教えてくれた。

アールー族の村では、棚田で生産したコメは七、八ヵ月で食べ尽くしてしまう。彼らの現金収入は、山の斜面の畑で栽培する野菜類や換金作物に頼っている。モヤシばあちゃんも、青菜姉ちゃんも、六日ごとの市で野菜を売っているのだが、年にするとおよそ三千元の売り上げがあるという。農薬や肥料を使わないから、これが純収入になる。そのほかに二人の家では、キャッサバ、トウモロコシ、レモングラスといった換金作物を植え、町の仲買に売っておよそ六千元の収入を得ている。野菜の収入と合わせると九千元（約十二万円）の年収だ。日本の感覚からすると、この程度の収入で暮らしていけるのかと思う。

少し統計が古いが、中国国家統計局の二〇〇三年版によると、全国農民平均収入が二六二二元（約三万五千円）、最も低い貴州の農民で一五六四元（約二万円）、都市住民の平均収入が八四七二元（約十一万円）だ。もちろん昨今中国はインフレ気味だから、農民の平均収入が上がっているだけでなく、上海や北京の人々の平均収入はもっと高い（調査当時、北京で平均年収四十万円、上海で五十万円位）。この数値をみると、アールー族の収入は決して低くないことがわかる。確かに彼らの棚田ではコメの自給は不可能かもしれないが、畑と市を上手に利用することで、実はかなりの稼ぎを生みだしているのだ。

ヤオ族の場合

者米谷で山歩きをしていても、村を訪ねて知りあいになった人とはめったに出会うことはない。ところが市では、知りあいにたびたび顔を会わせる。梁子寨瑤村（ヤオ族）の鄧さんも、その一人だ。彼らヤオ族はトラの棲む国境の原生林で、草果という香辛料を植え、

各市で売り手の民族も変わる。者米谷の三果樹では花ヤオ族が野菜を売る

BEIJING 2008

それを者米の仲買に直接売って現金収入をえる。

だからアールー族のように、毎回市でモノを売ることもなく、市では常にお客さんだ。草果は確かにお金になるのだが、価格変動が激しい。鄧さんたちは、一九五八年から原生林で草果を植えはじめた。ところが一九九九年は冷夏の影響で、雲南省内では者米谷以外の草果の収穫が激減したため、価格が一キロ＝九十元にはね上がった。それ以降、村人全員が草果栽培をおこなうようになる。鄧さんの草果畑の収穫は、毎年平均すると二千〜三千キロ、四万元前後（四十〜六十万円）の収入がある。草果が成功すれば、高収入になる。ただ草果の価格は、雲南省各地の草果の出来高によって大きく変化する。二〇〇三年は一キロ＝三十二元。二〇〇四年は一キロ＝二十四元、二〇〇五年は一キロ＝二十元、二〇〇六年は一キロ＝三十元と、一九九九年の高値以来、近年は安値が続いている。梁子寨瑤二隊の村人の現金収入は、草果に頼っている。しかし収穫量だけでなく、とくに価格は者米谷内で決まるのではなく、外部の市場＝思惑で変動するため博奕《ばくち》的な換金作物だといえる。

タイ族の場合

タイ族の葬式の話で登場した、副村長の李さんと奥さんもよく市で顔を会わせる。タイ族は者米谷の少数民族のなかで、もっとも裕福なことはすでに話した。者米谷でコメ作りに有利な河谷沿いに住んでいるため、一期目は在来種である糯米を栽培して自家消費にまわし、二期目のコメは粳米を植え、市で売って現金にかえることができるからだ。者米谷で暮らす少数民族は、いずれも棚田をもっているが、コメを売って生活できるのはタイ族だけだ。コメは売るだけでなく、他の民族が生産する野菜や狩猟したイノシシ、それにヤオ族が飼うイヌなどとも交換ができる。

話が横道にそれるが、ヤオ族はイヌを食べない。しかし、タイ族に売るために食用のイヌを飼育している。タイ族は、イヌ肉を食べるだけでない。例えば稲の生育が悪いときなど、悪いピー（精霊）の仕業だと考えて、水田でイヌを使った魔除けの儀式をおこなう。水田に祭壇をしつられ殺したイヌをピーにささげ、イヌの血を周囲にまき清める。

さて李さんは、ときどきドジョウやタウナギを市で売って小遣い稼ぎをしている。タイ族はあまりに水田中心の生活設計に突き進んだため、魚撈までも水田でおこなっている。

この話はこれだけで一つの物語になるのだが別の機会にゆずるとして、李さんの奥さんもときどき自分で織った木綿布を市で売っている。木綿布の材料である綿はハニ族が栽培したものか、もしくは移動商人がベトナムから輸入したものを市で買う。タイ族の女性は、それを糸に紡ぎ織機で無地の綿布に織りあげる。織りあげた無地の布は市で販売するのだが、ハニ族はタイ族の布を買い藍で染めあげた布に仕上げる。現在、ハニ族は工業製品の染色剤か市で売っているベトナム製の藍を使うのだが、ほんの数年前まではヤオ族が生産

写真：者米の市で木綿布を売るタイ族

する藍を買っていた。藍色に染められた木綿布の製造過程には、このように市を介して複数の民族が関わっている。

市の小宇宙的世界

ちょっとまとめると、タイ族は、コメだけでなく木綿布を他の民族に売る。またブタ肉の流通も独占してきた。アールー族は、野菜を他の民族に売り、ヤオ族は木綿布を染めるのに必要な藍を売って生計をたててきた。各民族は特産物を作りだし、六日ごとの市は、それらを交易する場として機能してきたらしいのだ。つまり者米谷という一つの地域が市を介することで、自給自足的な一つの小宇宙的世界を形作ってきたといえよう。

者米谷の定期市の特徴は、市が一部の民族やある組織によって、独占されていない点だろう。市を管理する郷政府に、場所代（露店だと一元）を支払えば誰もが自由に参加できる。自由で開放された市は、村人が自由にモノを売ることを可能にするだけでなく、綿から木綿布へ、そして藍染めの布への加工過程にみられるように、各民族の得意とする技術を分担することで製品が完成するという、「自然発生的な分業体制」とでもいうべき機能も備えている。

システマチックな定期市

ここで定期市全体の仕組みを解説しておこう。これが見事にシステマチックなのだ。市は六日ごとに一回たつ。その日取りは、十二支によって日取りが決定されている。例えば者米では、辰と戌の日に市がたつ。辰を第一日目とすると、次は第七日目の戌の日に市がたつ。つまり六日ごとに一回市がたつことになる。者米谷周辺では、少なくとも清の末期には十二支を日取りの基準にした市が開催されていたことがわかっている。なぜ十二支を利用するのか。それは各民族が、それぞれに固有の暦をもっていたことによる。つまりそれぞれの民族によって、一年の日数が異なるからだ。

例えばタイ族は一年が三五四日であり、アールー族は三六〇日である。これでは日本でもおこなわれていた四日市や六日市など、四や六の数字がつく日を市日にするという日取りは不可能である。ところが十二支を使うと、月日や一年の日数に関係なく、各民族に共通した市開催の日取りを決定することができる。市がたつ条件の一つは実に基本的なこと

なのだが、日取りを決定できる共有した「暦」が必要である。これがなければ定期的に市を開催することは不可能だ。

ではなぜ市は日取りをかえて、街道沿いにいくつもたつ必要があるのだろうか。例えば者米谷には、者米を含めて四つの地点で日取りをかえて市がたつ。村民の市に通う主要な交通手段は徒歩である。者米の市に野菜を売りにくるアールー族は、者米谷北側の山地に分布する村々から、片道三、四時間の山道を歩いて通ってくる。距離にすると者米からおよそ半径八キロの範囲内にあり、これを超える村は、時間がかかりすぎて者米の市にはやってこない。つまり街道沿いにたつ六日ごとの市は、基本的には周囲の村民が徒歩で通うことを前提としており、そのためには河谷平野沿い町で、一定の距

写真：市は中国とベトナムの国境沿いの那発でもたつ。川の向こうがベトナムで、市日には国境を越えてベトナムの少数民族がやってくる

写真：ベトナムのハニ族の女性（左）。右は紅頭ヤオ族。頭の周囲をソリ蜜蝋で頭の頂上の毛を固め赤い布をかぶせる（那発）

写真：ベトナムのヤオ族

離をおいてたつ必要がある。さらに市を回る移動商人にとっても、市のたつ日にちが、それぞれに異なると、六日間のうちに何ヵ所もの地点で露店をだすことが可能で都合がいい。こうして街道沿いにたつ市は、なるべく市日が重ならないよう日取りが決定されている。

者米谷の人々をつなぐもの

者米谷では四ヵ所で市がたつが、者米谷以外の金平県内では三十六ヵ所で市がたつ。者米の市では頻繁に会うタイ族の李さん、ヤオ族の鄧さん、アールー族のモヤシおばさんに青菜姉ちゃんとは、者米谷以外の地でたつ定期市で出くわすことはない。ところが者米谷から離れた市でも、向こうから「またおうたな。一体おまえら、何してんねん」と声をかえられることがある。彼らは移動商人だ。

市には大きくわけて、二種類の商人がいる。その一つは、市を移動する露天商である。彼らは者米谷では生産できない塩、農具などの鉄製品、そして日常雑貨を中心としたプラスチック製品など、金平県の中心である金平鎮など大きな町で仕入れては、市で地域の村人に売って歩く。二つめの商人は、者米谷で生産される換金作物などをまとめて買いとり、これを者米谷から外部へと運ぶ仲買を商売とする。これらの商品は市のネットワークを通じて、者米谷から反対に外部の世界へと運ばれていく。

者米谷の定期市が成立するには、村民が売ることのできる余剰生産物を有していることが条件になる。もう一つ重要な要素は、市のネットワークの存在と商人の介在による商品の移動が挙げられる。定期市は、地域社会の交易を成り立たせるのに重要な役割をはたすのだが、反対に市ネットワークは、地域の生産物の移動や外から入ってくる生活必需品の供給も、簡単に掌握することが可能なシステムだともいえる。

さて者米谷で暮らす人びとは、水田に特化するタイ族や、森を利用するヤオ族、山の畑を生業の中心にするアールー族など、各民族・村ごとに自分たちが暮らす周囲の自然的な環境の差異をうまく利用し、それが定期市と絡み合って相互に影響しあいながら、自給自足的な小宇宙的生活世界を作りあげてきた。しかし者米谷が多民族が共存する平和で幸せな、ユートピアのような世界だったというつもりはない。

村で古老に聞いていると、村同士や民族間の争いの話がよくでてくる。民族間の差別意識も存在する。また生業も時代によって常に変容してきた。最近では者米谷でも中国の急速な経済発展の影響を受け、タイ族は村の周囲の灌木林を伐採してパラゴムを、水田には換金作物であるバナナを植え水稲栽培を放棄しつつある。アールー族は、山の斜面の畑に換金作物であるキャッサバ、トウモロコシ、レモングラスなど、外部へ輸出される作物を植えるようになり、世界規模の穀物値段の影響を受けている。

しかし者米谷の市を介して相互に生産物を依存するという生活システムは、者米谷に暮らす人びとが自ら生みだした。このシステムは、多民族が比較的限定された地域内で生活する上で、うまく機能してきたように思える。者米谷の生活世界で暮らしてみると、棚田、畑、家畜飼養、野生動物狩猟、野生植物利用、そして市での交易などが複雑に絡み合いながら、相互になんらかの関係をもっていることがわかる。その関係性を解き明かすことが、この地域で暮らす人々の生活世界を深く理解することにつながるのだろう。

次頁写真：（上）露店の歯医者。歯も抜くし入れ歯も作ってくれる。保険は不要
（下）鍋の修理をおこなう露店の鋳掛屋

者米谷の食

今回は者米谷の食についての話なのだが、谷で暮らす人々の日常的な料理を紹介するのはちょっと難しい。もし日本食を食べたことのない外国の方に、日本食の特徴はと聞かれれば、「基本的にはコメが主食で、有名な料理としては刺身、寿司、天ぷらなどがあります。でも日常的には、カレー、ハンバーグ、焼き肉などもよく食べます」と答えることができる。しかし者米谷では、このような料理名が確立されていないため話が長くなる。

話は少しずれるのだが、『NHKきょうの料理　一九九七年一一月号』に、「二一世紀に伝えたいおかずベスト10」という特集記事がある。読者アンケートによって選ばれた料理

を列挙すると、一位・肉じゃが、二位・寿司（ちらし寿司）、三位・黒豆、四位・梅干し、五位・麻婆豆腐、七位・煮物、八位・汁物（豚汁、味噌汁）、九位・ギョウザ、十位・ハンバーグ、となる。データは少し古いし、二十一世紀に残したい料理なので、これが平均的な日常的な食事かどうかは別にして、戦後の日本の食事の流れはよく現れていると思う。

かつてのいわゆる伝統的な日本料理であった、魚、野菜の煮物、味噌汁、漬け物等からの西欧・中華化という大きな変化である。ちなみに十一位から二十位には、おせち料理に混じって、チャーハン、コロッケ、パスタ、エビのチリソースが入っている。

食も時代とともに変化する。者米谷では、残念ながら食の歴史をたどるのは難しいし、

写真：私たちの正月料理

人気料理名を一位から十位まで決定するのも無理だ。そこで私が住み込んだ家や、訪ねた家での食卓の風景を紹介しながら、者米谷で暮らす人々の食の共通点と、現在の日本の食との根本的な差異はどこにあるのか考えてみたいと思う。

タイ族の春節の食卓

タイ族の葬式の話は、すでに紹介した。かつての葬式は三十日も続いた。その間、喪主は、親戚と村人に飲み食いさせなくてはならない。最近ではあまりにも出費が多いので、葬式の期間は一週間以内に制限したが、それでも彼らにとっては貴重な水牛を数頭殺し、ブタ、アヒル、ニワトリなどを調理した料理がふんだんにふるまわれる。酒はもちろん飲み放題だ。彼らは日常生活で、自分たちで飼っている家畜の肉を食べることはほとんどない。肉がふんだんに食べられるのは、葬式、結婚式、そして春節（中国の正月）だ。

私たちは、春節に調査をしたことがあるのだが、本当に困ってしまった。者米谷では春節に入ると、およそ二週間も市がたたない。しかも町の食料品店や、食堂も閉まってしまう。食べ物を買うことも、食べる場所もないのだ。反対に者米谷の村人の立場からすれば、半月ぐらい町の店が閉まったところで、食いつなぐことになんら問題も生じないというこ

とだ。
　さて私たちは春節に入る前に買いおきした、カップ麺、缶詰、ソーセージ、ビールで食いつないでいたのだが、二日もすると一緒に調査している篠原徹さんが我慢できなくなった。「とにかく各民族の春節の様子を調査しよう」といいだしたのだ。何のことはない、村に出向いて知りあいの家に上がりこみ、正月料理のお相伴にあずかろうという魂胆だ。もちろん私に異論はない。
　まずは者米の町から最も近い、上新寨の副村長さんの李家に出向いた。朝から村では正月の雰囲気を盛り上げるため、木の枝からぶら下げた爆竹をならす（本来は魔除けのためだが）。

写真：タイ族の春節のご馳走

タイ族の春節。爆竹を鳴らす

副村長さんの李さんは、父親の家に兄弟親戚と集まり、まさに大宴会がはじまろうとするところだった。葬式では水牛の肉がご馳走だが、春節ではブタ肉が主役だ。写真（169頁）の左下からブタ肉の三枚肉とネギの炒めもの、その上がヒレ肉とショウガをさっと煮たもの、その上がほほ肉の炒めもの、右のご飯の隣が腎臓とショウガの炒めもの、その下が肝臓を茹でネギとあえたものになる。雲南では野菜を茹でて、ショウガ、ニンニク、トウガラシ、ネギなどの薬味に醤油を少し足した付け汁で食べる（中央の椀）。また者米谷のタイ族は生の野菜もよく食べる。おもしろいことに、キビ団子も春節料理だ。もちろんこれに酒がでる。酒は一九八〇年代まで、餅米で作る醸造酒を飲んでいたが、現在では外部から入ってくる白酒（コメ、キャッサバなどを原料とした蒸留酒）を買って飲んでいる。いずれにしても肉中心の料理であり、日本のかつてのおせち料理とはかなり雰囲気が違う。

肉のもつパワー

なぜ彼らは春節や葬式の際に、あれほど肉を好んで食べるのだろうか。私の住んでいる家の近くに、焼き肉食べ放題の店がある。しかも肉だけでなく、寿司、ケーキ類、カレーなどのご飯類など、何でも食べ放題という店である。安くてボリュームがあるため、小学生から中学生くらいの子供をもつ家族や、それに子供のサッカー大会や野球大会の打ち上げに、子供と親、それに孫に同伴したジイジ、バアバ世代が加わってにぎわっている。各年代が、何を集中的に食べているのかを観察するとおもしろい。特に五十代とおぼしき世代は、店は焼き肉がメインなのだから、当然肉から食べはじめる。ところが、三十代や子供たちのほとんどは肉より寿司に走る。

五十代は、日本の高度成長期に幼少時代をすごした(私のことだ)。当時の食事は、肉よりもむしろ魚や野菜類が中心だった。六十年代から七十年代初めにかけては、今やお目にかかれない、クジラの肉もよく食卓に登場した。トンカツもご馳走だったし、ましてや牛肉＝ステーキ＝焼き肉など滅多に口にしたことがなかった。兄弟で争って親が残したトンカツやステーキの脂身を、熱いご飯の上に乗せほおばったころが懐かしい。

ところが牛肉の値段は下がり続け、国内産の高級和牛をのぞいて、輸入肉なら新鮮でおいしい刺身よりもはるかに安い。牛肉は、今やかつてほどのご馳走ではなくなってしまった。焼き肉食べ放題の子供たちの食べ方をながめていると、私が幼少のころ経験した牛肉を口にするという興奮は、彼らにいくら説明したところで理解してもらえないだろう。

肉の希少性が減り、肉を食べることに感動しなくなりつつある私たちが、スイギュウやブタ肉のご馳走の意味を実感するのは難しい。者米谷では春節、結婚式、葬式などの節目にしか肉をたらふく食べられない。肉の飽食がもつ意味が、まったく違うのだ。

東アジアでの正月料理は、その地域で何がご馳走だったかをよく現している。日本の最近のおせち料理は西洋化しているが、やはり日本の正月のメインは雑煮だろう。餅＝コメをたらふく食べる、これが日本人のご馳走だった。者米谷の人々は、日本と同じようにコメを主食とすることにはかわりないのだが、ご馳走という視点からみると、その食文化がかなり異なることがわかる。

タイ族の日常の食卓

春節には、ベース基地にしていた者米の町から近いこともあり、タイ族の家によくお邪魔した。また者米からおよそ五時間もかかる、ベトナム国境近くのクーツォン族の村にまで出かけ、正月料理のお相伴にあずかったこともある。

では者米谷の人々は、日常は何を食べているのだろうか。これまでにも何度か紹介したが、者米谷で暮らす少数民族は、いずれも棚田をもっている。しかし、コメを売って生活できるのはタイ族だけである。タイ族はあまりに生活が水田中心の生活に突き進んだため、水田内で漁撈までおこない、そこに棲息するドジョウやタウナギもよく食べる。

また村の周囲での河川での漁撈も盛んだった。九十年代の終わりに大洪水があり、それから川魚の漁獲量はめっきり減ったという。よく話を聞くと、どうやらそれだけが原因ではなく、八十年代にダイナマイトを川に投げ入れ、爆発のショックで大量に魚を浮かび上がらせて捕る手法が流行した。このことも魚が減った原因らしい。

かつて川魚は、投網やウケで捕っていた。現在は、二、三人でおこなう電気漁が主流だ。二人がバッテリーを背負い、電極がついた二本の竹竿を川のなかに突き入れて電気を流す。少し下流で、し

写真：魚中心のタイ族の日常料理

電気による魚捕り

びれて浮いてきた魚をすくい網で捕る。コイ科かハゼ科の魚が多い。

魚料理はさまざまだ。あまり漢族地域ではみないが、串にさし塩だけしたシンプルな焼魚も好まれる。中華鍋で炒めるか、ネギなどの野菜と一緒に塩と化学調味料で味付けする煮魚も定番だ。私が最も好きなのは少し薫りのする大きな木の葉に、魚・塩・香菜を包み込み、たき火のおきびに入れて蒸し焼きにする料理である。写真（175頁）の一番上がその料理だ。右側は、中華鍋でいり焼きにした魚。魚の蒸し焼き料理の左下は焼いた魚をほぐし、ネギやトウガラシと混ぜて油と塩と化学調味料で味付けしたもの。その左はドクダミの根の和えものだ。

写真：魚の蒸し焼き料理（タイ族）

ヤオ族の食卓

者米谷で、最も長く住み込んでいるのはヤオ族の村だ。ベトナム国境沿いの、トラの住む黒い森を利用している人々である。私たちは、村長の鄧さんの家に下宿していた。ヤオ族の村は、タイ族が暮らす河谷平野と違って、千二百〜千五百メートルという山中にある。そのため周囲に大きな河川がなく、川魚を捕ることができない。また水田に棲息するドジョウやタウナギも食べない。

十二月のある日の夕食メニューを、紹介してみよう（181頁上）。お椀のなかに白くみえるのは、ヤマノイモ、山に自生するジネンジョである。この季節になると村の周囲の森で、長さが七十〜八十センチのジネンジョが採れる。まず蔓をみつけて、根本の隣に人が入れるくらいの縦穴を掘り、折らないようにしてとり上げる。

料理の方は、いたって簡単だ。青菜と一緒に煮る。味付けは塩と化学調味料だ。さらに家庭菜園で植えている、青菜の炒めものも定番メニューだ。ジネンジョは日本だと一キロで四千〜五千円ぐらいする高級野菜だが、村では食べ放題だし自分たちで採取するのでお金はいらない。味は絶品なのだが、一週間も連続してこの同じメニューが続いた。

写真：手前からナマズ、タニシ、コンニャク（生のままで食べる）

写真：（上）ヤオ族のジネンジョ料理
（下）ヤオ族の豆腐料理

ヤオ族は、者米谷の民族のなかで野生植物の利用品種が最も多い。タイ族は、水田の周囲に生える、ドクダミなど四種類の野草しか利用しないのに、ヤオ族は、私たちが調べた範囲だけでも八十種類近い野生植物を食用や薬として利用する。一年を通じてみると、彼らの食は実に多様で豊かだ。しかし、冷蔵庫もなく保存方法が限られているので、季節ごとに、ある野草が一度にたくさん採れるとなると、しばらくは同じモノばかりを食べ続けることになる。

贅沢だがジネンジョにあきたころ、次は豆腐がでた（181頁下）。一番右が豆腐で、そのまま食べる。その左にあるのが、カエルとネズミ（ドブネズミではなく山に棲む種類）の煮物。その左側はオカラで、その上は豆腐をカエルとネズミの煮物の煮汁に放り込んだ料理だ。おいしいのだが、また数日間、まったく同じメニューが続くことになる。

このように、ヤオ族とタイ族の食の内容はずいぶんと違う。しかし自然そのものを直接自分たちで利用して、食材を調達している点では共通している。

生の自然食べる者米谷、加工した自然を食べる日本

『家族の勝手でしょう！　写真274枚で見る食卓の喜劇』（岩村陽子著、新潮社、二〇一〇年）

は、一九六〇年以降の生まれで、首都圏に在住する子供をもつ主婦を対象とした家庭の食卓調査である。この本にでてくる主婦が作る料理で驚いたのは、夕食にスーパーやコンビニで買ってくる総菜ものだけでなく、冷凍食品、インスタントラーメン、パン、弁当などがそのまま並び、肉、魚、野菜など、素材から作りあげる料理が極端に少なくなっていることだ。それとは反対に夫が台所に入る頻度が高くなっており、しかも男の料理はハイレベルだ。著者の疑問は「お父さんの料理参加が多い家庭ほど、主婦の活力は増すどころか、逆に料理に関心を失うケースが多くなっている」という。我が家でも料理は私の担当なのだが、この本を読んで、これは自分の家の個別の問題ではなく、すでに社会的な現象なのだと納得し以前からの疑問が氷解した。ただ妻が食事を作らないという現実に、変化はなかったが。

それはさておき、この本で述べられている食事風景が、現在の日本のすべての地域、世代にあてはまるとはいえない。しかし少なくとも今の日本では、肉、魚、野菜など、生のままでは食べにくい食材を、調理せずに生きていこうと思えば可能だ。炊飯器も包丁もまな板も、さらに鍋もなくても食べて生きていける。者米谷では、料理なしには生きてはいけない。それがおそらく、者米谷と日本との根本的な食の違いではないかと思う。言い換えれば、者米谷の人々は、「生の自然を食べる」のに対して、日本では「加工された自然を食べる」という傾向が強くなっているのだろう。

人は火を利用し調理道具を発明することで、肉や植物などの生の食材を料理することが可能になり、食べ物のバリエーションを増やしてきた。そのことが、人の自然への適応力を飛躍的に発展させてきた。つまり料理は人間と動物を分ける、一つの証のようなものだ。

だから料理を放棄することは、人間らしさの根源に関わる気がする。しかし料理をしないという食文化の流れは、変わることはないのかもしれない。しかし私はいつも好きなものが食べられる日本の便利な食生活よりも、ちょっと不便で単調かもしれないが、者米谷の食の世界が好きだ。人は自然を切りとり、自然に生かせてもらっていることを実感させてくれるからだ。

魚を捕ると結婚できる話

これまでにタイ族が水田で魚を捕る、つまり「水田漁撈」の話題を小だしにしてきたが詳しく紹介してこなかった。者米谷では棚田に魚がいるのだが、これを捕って食べるのはタイ族だけだ。水田漁撈は魚を食べるという食だけの話ではなく、実は彼らの日常的な生活観や結婚のあり方にまで深く関係している。

者米谷のタイ族は、水田でドジョウとタウナギを捕る。タウナギは、タウナギ科に属する。名前に〝ウナギ〟が入るが、ウナギとは全くの別種だ。日本ではあまりなじみがなく、食された方は少ないと思う。しかしタウナギは、日本でも本州、四国、九州などに分布して

写真：李さん一家

いる。明治の終わりに、食用として朝鮮半島からもちこまれたが逃げだして増えたらしい。

ドジョウ漁

ちょっとマニアックに、魚を捕る道具の話からはじめてみよう。ドジョウを捕るのにウケを使う。ウケは、タケを細く裂いたものを編んで作る。外観は紡錘形をしている。長さは八十センチ前後で、胴部はおよそ四十センチくらいだ。胴部に、ドジョウが入る口がある。口の内部にはカエシがあり、口から入ったタウナギが逆戻りして、外へ出られない構造になっている。ウケの一方の尻は開いており、濡らしたワラや草などを詰めて栓にし、ウケの内部に入ったドジョウは、この栓を抜いてとりだす。

ドジョウ漁がおこなわれるのは、田植え前のおよそ一ヵ月間である。者米谷のタイ族は、コメの二期作をおこなう。一期の田植えは二月の半ばに、二期の田植えは八月の半ばにはじまる。つまり一月の半ばから二月の半ばまでの期間と、七月の半ばから八月の半ばまでの年二回がドジョウ漁の漁期になる。

上新寨の李さん（副村長）と一緒に、漁に出かけたのは八月のはじめだ。ドジョウ漁もタウナギ漁も、男性の生業で女性は参加しない。ドジョウ漁は夕方の六時過ぎからおこな

次頁写真：（上）ドジョウ漁のウケを選ぶ
（下）ドジョウ漁のウケを設置するため水田内に土手を作る。隣でタイ族の女性が可食水田雑草を採集している

う。まず水田に、ウケをしかけるための泥の土手を作っていく。畦畔際から水田の底の泥を掻き上げて、幅およそ三十センチ、水面からおよそ十センチ盛り上げる。水田内に土手を作り終わると、土手にウケをしかける。まずウケの尻の部分に、濡れたワラを入れて栓にする。ウケは、土手に沿った場所でも水深が深い地点を探ししかける。ウケは胴部を半

写真：ドジョウ漁のウケをしかけるため水田内に土手を作る

分まで水面下に沈め、上半分は水面からだしておく。ウケの下は泥で覆い、さらにウケが浮き上がらないようにするため、少し泥をウケの上にのせる。

ドジョウは、水田の水深が深すぎても浅すぎても捕れない。一般には冬は水田の水深が浅い場所にしかけ、夏期は水深が深い水田にしかけるとよく捕れる。また土壌が泥状でなければならず、砂が混じった水田ではドジョウは棲息していない。

土手を作るさいに、水田の底を掻き上げるようにする。こうすることで水に動きができ、ドジョウはエサがあるのではないかと土手に近寄ってくる。ドジョウは土手に突き当たると、土手沿いに移動する。そして、土手の反対側に出ようとしたその場所に、ウケが設置されている。またウケの上半分を水面にだしておくのは、ウケに入ったドジョウが呼吸できるようにするためだ。

タウナギ漁

さらにマニアックな話が続く。タウナギ漁に使用するウケは、ドジョウ漁のものとは全く異なる。タケで編んで作るのは変わりがないが、形は直径がおよそ十五センチ、高さがおよそ二十センチの円筒形をしている。胴部に直径およそ三センチのタウナギが入る口を

次頁写真：（上）ドジョウ漁のウケをしかけるため水田内に土手を作る
（下）ドジョウ漁のウケを設置する

編み込んである。内部にはカエシをつけ、タウナギが口から逆戻りしない仕組みになっている。これは、ドジョウ漁のウケと同じだ。

上部には、直径およそ四センチの円形の上蓋がついており、これをとり外し内部のタウナギをとりだす。さらに蓋の中央には、ウケの本体内部に落とし込むように、タケを細く裂いて作った袋状の小さなカゴがつけられている。袋状のカゴには刻んだミミズを入れ、タウナギをおびき寄せるためのエサにする。タウナギ漁は一年を通じておこなわれるが、特に三月~八月上旬、十一月~一月の期間に、多くの村人が盛んにウケをしかける。

タウナギ漁はドジョウ漁と違い水田内に土手を作らずに、ウケを畦畔に沿って設置する。同行したときは三十個のウケをしかけた。ウケは田越しの水が水田におちる場所はさけ、水の流れが少ない場所を選ぶ。こうすることで、刻んだミミズの臭いが水中に拡散し、タウナギをおびき寄せやすくなる。タウナギ漁は田植え前の時期と田植え後の、苗が定着し少し背丈が延びた時期によく捕れ、また雨が時々降る天候や、月明かりのない夜には漁獲量が増える。ドジョウ漁は水田内に土手を作るため、田植え前にしかおこなえない。ところが、タウナギ漁はイネの生育や栽培、水田での農作業に影響がないため、一年中おこなわれる。

写真：タウナギ漁のウケを設置する

「植えたもの」と「勝手に生えてきたもの」

ドジョウ漁は、水田の底の泥を掻き上げて土手を作る作業が必要で、水田そのものと農作業の手順の双方に対する影響が大きい。そのため一般には、個人が所有する水田でおこなう場合が多い。一方タウナギ漁は、ウケを設置する場所に規制がないため、隣村のタイ族の水田だけでなく、民族の異なる水田にもしかけることができる。

上新寨の村人は隣村の水田だけでなく、者米谷の北側で海抜およそ一千百メートルに位置する、カービエン寨（アールー族）の水田にまで出かけて、ウケをしかけることがある。あのものすごい棚田だ。タウナギ漁は、者米谷のあらゆる水田で自由におこなうことが建前上可能だ。

ではなぜ他人の水田でも自由に漁ができるのか。これは彼ら独自の所有概念に深く関係している。者米谷では魚だけでなく、水田内や周辺で生えていて、食べられる水田雑草（可食水田雑草）を採集して食料にしている。可食水田雑草は、水田の所有や村内、村外といった領域の枠組みに関係なく、誰でも自由に採集することができる。反対に家畜や栽培植物は、個人が育てたものなので所有権が発生するのだ。

次頁写真：ドジョウ漁のウケの回収

極端にいえば、個人の水田でも一本一本のイネは植えたものなので個人の所有権が発生し自由にとることは許されないが、その周囲に勝手に生えた野草や、または勝手に生きている魚は自由に誰でもが捕ることができる。この所有の概念は、タイ族だけでなく者米谷に居住する八つの民族に共通している。

ウケの回収

さてウケの回収は、翌朝の午前六時過ぎからはじめる。収穫はドジョウ十九匹（およそ五百グラム）、タウナギ一匹、ヘビ一匹だった。このうちヘビは、持ち帰らずその場で逃がした。回収は、およそ十五分で終了し

た。ドジョウは、市で一キログラム＝およそ十八元（一元＝約十五円）で売ることができる。今回のドジョウは、量が少なく自分の家で副食として食されたが、量が多い場合は、バケツに水をはって飼っておき、者米の町で市がたつ日に売りに出かける。

一方、タウナギは計四十九匹（約九百グラム）捕れ、二日間の家族のおかずとして食べた。しかし三十個前後のウケをしかけると、多いときで四、五キログラム捕れる。このような場合には、やはりしばらくバケツで生かしておいて食べるか市で売る。市では一キロ＝十～十四元（一元＝約十五円）で取引される。

ドジョウ漁は、一年に二回おこない合計二ヵ月間の漁期がある。タウナギ漁は、ほ

ぼ一年を通じておこなう。週に二回ほど実施した場合に、もし一回につき二、三キログラムの量が捕れれば、家族四人の一週間分の副食には十分に足りる。この他に、現在は漁獲量が著しく減少したが、河川での漁撈も一九八〇年代までは盛んにおこなっていた。自分の家で食べきれずに余った魚は、者米で六日ごとにたつ市で売って現金収入にしていた。このように水田や河川の魚は、日常的な食料確保と現金収入に大切な役割をはたしている。

ところが水田漁撈は、それをおこなう時間帯からみると、実は水田での仕事などと重複しないニッチ的な生業だ。村から出発してウケを設置し終わり村に帰るまでに必要な時間は、ドジョウ漁でおよそ一時間だった。またタウナギ漁では、村から最も遠い村はずれの水田でおこなった場合でも二時間程度で終わる。しかもウケをしかける時間帯は、日没ごろからはじめ午後八時前には終了し、ウケの回収もやはり午前八時前には終了する。つまり昼間おこなう水田やその他の農作業に影響を与えない、「朝飯前」の仕事として一日の時間割に組み込まれている。

また李さんが日常的に水田魚撈をおこなっているのは、自分の水田を中心とした周辺の水田だ。李さんの水田は村はずれにあり、他の村人があまり利用しない穴場的な場所で、漁獲量が多い。もう一つの理由は、李さんの水田の隣に、クーツォン族の水田がある。クーツォン族は一九九〇年代の終わりまで、焼畑と狩猟採集が中心で、水田稲作をおこなって

前頁写真：タウナギ漁のウケの回収

いなかった。一九九九年から政府の援助で水田稲作をはじめたのだが、水田漁撈そのものをあまりおこなわない。そのため、タイ族の水田と比較するとタウナギがよく捕れる。

しかし、それだけが理由ではない。自分の水田の周囲で水田漁撈をおこなうと、農作業が並行しておこなえるからである。このようにドジョウ漁とタウナギ漁は、水田の内部でおこなう漁業という点と、農作業に影響を与えず、しかも食料の確保が容易な点に特徴がある。

魚捕り名人

ドジョウ漁もウナギ漁も、誰がおこなっても同じように一度にたくさん捕れるわけではない。ドジョウ漁が水田内に土手を作ることでドジョウをおびき寄せるのに対して、タウナギ漁はミミズをエサにしてタウナギを捕る。そのためウケもそれにあわせて工夫がなされており、水田内でウケを設置する地点も異なっている。また漁獲量をあげるためには、水田内での土壌、水深、水の流れを読み解く必要があり、ドジョウやタウナギの生態に対する深い知識が存在してはじめて可能になる。さらには天候、月明かりの有無などによる漁獲量の変化などの経験知も必要である。

以上はすべて、李さんと一緒にウケをしかけながら聞いた話だ。たかがドジョウ漁・タウナギ漁と思うかもしれないが、水田漁撈には、自然に対する深い知識・経験知・技能が埋め込まれている。そのため村内で、タウナギ漁やドジョウ漁の名人と呼ばれる人物を生みだすことになる。難しくいっているが、なんのことはない、日本でも漁師や釣り人に「名人」がいるのと同じ理屈だ。ちなみに李さんは、村で二番目の名人である。

おもしろいことに、水田漁撈は共同作業として実施されることはない。基本的に、一人でおこなう生業である。さらにウケをもって水田漁撈に向かう人物に対して、村人は声をかけることはタブー

写真：タウナギ料理。右はタウナギの炒めもの。左はネギと煮込んだもの

だ。質問すると運が逃げ魚が捕れなくなる。むしろ、知らぬふりをすることが礼儀とされる。漁場の知識などは個人の能力に頼っており、互いに秘密にするという習慣によるのかもしれない。

日常食としての魚

タイ族は、アニミズム的なピー信仰をもっている。人間は死ぬとピーという霊に変わり、それがさまざまな悪さやいたずらをおこなう。そこでシャーマンはウシ、ブタ、イヌ、アヒル、ニワトリなどの家畜を殺してお祓いをするのだが、こうした場面では魚類は絶対に使われない。ちなみにお祓いで、最も強力な力を発揮する動物はイヌだ。

またタイ族の社会では、村人の社会的なつながりを維持するのに、婚礼と葬式が重要な役目をはたしている。葬式は二、三週間連続して続くことも珍しくなく、喪主は毎日村人や親戚にごちそうをふるまわなくてはならない。家畜類の屠殺と料理は、村人全員で共同作業としておこなうが、共食を伴う儀式の席上でもウシ、ブタ、アヒル、ニワトリがごちそうであって、タウナギやドジョウや河川の魚類が食されることはまずない。タイ族にとって、水田漁撈はあくまで個人の生業であり、魚の肉としてのランク付けは他の家畜類と比較するとと低くみられているのだ。

ところがタイ族の女性が男性を選ぶとなると、反対にこの魚が重要な役割をはたす。結婚相手として最も重要な条件は、男性の水田漁撈または河川漁撈の腕前の確かさだ。つまり女性にとっては動物性タンパク質を日常的かつ確実に手に入れてくれる、食料獲得能力の優れた男性ほど結婚相手としての魅力が高い。だから、村の水田魚撈の名人の奥さんは美人が多い。さらに子供が生まれたとき、村人が男女の区別を問うさいに、「魚」か「草」のどちらかと質問する。つまり「魚」は漁撈をおこなう男性をさし、「草」は水田内の可食雑草の採集を担当する女性を意味する。この言い回しも、魚が日常的な食生活に溶け込んでいるからだろう。

日本ではおめでたい席には、必ずタイやエビなどの魚が顔をだす。ご祝儀と不祝儀で使う「のし袋」にしても、「のし」とは干したアワビのことだ。ところが者米谷のタイ族では水田漁撈で捕れる魚は、ハレの場や葬儀の場での食には値しない。しかし水田漁撈は生きていくのに必要不可欠なために、結婚観にまで影響を与えている。魚はタイ族にとってあまりにも日常的な食であるために、このことがかえってハレの舞台には登場できない理由になっているのかもしれない。

国境の赤い十字架

最後の焼畑農耕民

焼畑農耕は、山の木を焼いて畑にする農法だ。中国の雲南や海南島では、盛んにおこなわれてきた。焼畑というと、粗放な農耕というイメージをもつかもしれない。しかし焼畑にも長い歴史があり、さまざまな方法がある。雲南の場合、基本は山を焼いて畑にして陸稲をはじめ豆類や野菜など、さまざまな作物を栽培する。焼畑は数年間使った後、放棄して元の森の状態になるまで待ち、再び木を切って焼いて畑にする。自然の回復を待てば、持続的な自然資源利用が可能だ。しかし、それには広い面積の山が必要だ。

日本でもかつて、焼畑は盛んだった。焼畑では、ソバ・アワ・ヒエ、大豆・小豆などの

豆類、トウキビ・里芋・カライモ・コンニャク・大根・カブ・ミツマタ（和紙の原料）などを栽培した。近世以前の焼畑面積は、二十四万ヘクタールを超えていたともいわれている。明治三十年（一八九七年）に、森林法が制定された。それによって焼畑地は植林によって林地化し、また新たな火入れが制限され、明治・大正時代にかけて焼畑は衰退していく。昭和二十年代には、まだ全国で五、六万ヘクタールの焼畑が残っていたが、昭和四十年代頃にほぼ姿を消す。

さて者米谷の九つの民族は、いずれも棚田をもつ。しかしベトナムとの国境沿いに暮らすクーツォン族（ラフ族の一支族）だけは、二十世紀の終わりまで水田をもたず、焼畑だけで生活をしていた。現在、中国に

写真：者米谷の南。標高 1200m を超えると風景が一変する。これから南はクーツォン族の世界

おいても焼畑は終焉をむかえた。おそらく私が知る限りでは、者米谷のクーツォン族が中国最後の焼畑農耕民だろう。今回は棚田地域で暮らす、彼らの姿を紹介してみたいと思う。

写真：クーツォン族の家と子供たち

ヤオ族の出自物語とクーツォン族

ところで者米谷の九つの民族は、この谷に古くから今みるように居住する高さを変えることで棲み分けて暮らしていたのだろうか。それとも時期を変えて、外から民族ごとに者米谷に移住してきたのだろうか。梁子寨瑶の村長から、ヤオ族の出自と者米谷への移住に関する伝承を聞いたことがある。それによると彼らは、中国本土の広西壮族自治州から者米谷が所在する雲南省の金平県にやってきたという。それ以前は海南島に暮らしていた。

なぜ海南島から本土へ、さらに雲南にやってきたのか。それには少し長い物語がある。いにしえの世界は、ヤオ族の王である盤王と、漢族の玉王の二人が支配していた。当時二人の王は、海南島に暮らしていた。盤王には三人の娘がいた。長女は日本人と、次女は青い目の西洋人と結婚した。そして三人目は、ベトナム人に嫁いだ。

あるとき盤王（ヤオ族の王）と玉王（漢族の王）は、どちらか一方が世界を支配しようということになった。そこで石を埋めて、その石からどちらが先に、花を咲かせるかで勝負することにした。結果は、盤王の石が先に花を咲かせた。ところがまさにそのとき、盤王が別の用事でその場を離れた。そのすきに玉王は石をとりかえ、自分が先に花を咲かせたと主張し世界を支配してしまった。当初は十年間支配するとり決めだった。しかし玉王は、「十」の上に「ノ」をつけ加え千年にしてしまった。そのため現在でも世界は漢族に支配されている。

盤王は、部下の張、碩、華の三人を世界各地に派遣し、ヤオ族やその他の少数民族を、漢族が支配していない土地に移住させることにした。者米谷もその一つだが、盤王は各民族がどのように谷を利用するかを決めた。タイ族には河谷平野で綿を植えさせ、それをハニ族とヤオ族に売ることにした。ある年、綿の花が咲かなかった。盤王はタイ族に人が亡くなったとき、頭に白い布を巻くことを教えた。するとまた、綿の花が咲くようになった。だから彼らは葬式のときに、今でも頭に白い布を巻く。

盤王は、ハニ族をタイ族よりも高い場所に住まわせ、綿を植える以外の仕事をまかせた。ヤオ族には、ハニ族よりさらに高い山地に住まわせることにし藍を植えさせ、それをハニ族とタイ族に売って生計をたてさせた。ではなぜアールー族やクーツォン族は、この物語に登場しないのか。それは、彼らは者米谷にヤオ族が来た後に移住してきたからで、盤王の采配の範疇外なのだ。

ヤオ族の現在の境遇を説明するための、なんだか悲しいくらいの自己完結的な物語だ。しかし、クーツォン族だけは、谷のどの民族の古老に聞いても答えは一つで、他の民族よ

ラバに乗るクーツォン族の少年

り遅くしかもごく最近、ベトナム国境を越えて者米谷に移住してきたらしい。その時期は一九三〇年代だったという。

政策に翻弄されたクーツォン族

町のすぐ南の者米山（標高一五三〇メートル）は、者米の町から歩いて二時間ほどで頂上にたどり着く。この山の標高千三百メートル附近を歩いていると、クーツォン族がかつて暮らしていた村の「遺跡」に出会う。今でもブタの放し飼いの場所にしていて、廃墟を通るとブタが森から飛びだしてくる。

クーツォン族は、南のベトナムからやってきたのは確かだ。しかしその理由は不明だ。村を作った場所は、ヤオ族よりもさらに標高の高い千三百〜千五百メートルの山中である。ところが一九六〇年代の農業の集団化（個人単位の自由な農業経営を禁止し、村単位、地域単位で計画的農業をおこなう）が実施された時期に、政府によって山から強制的に河谷平野に移住させられる。

ところが一九八二年からはじまった生産請負制（個人に土地を再分配し自由に作物を生産し売る制度）によって、政府の強制的な定住政策の圧力が弱くなると、クーツォン族のほとん

写真：森のなかでクワの木の実を採集するクーツォン族の親子

どは河谷平野沿いの新しい村を離れ再び山の上に居住し、焼畑や狩猟・採集といった従来の生活にもどった。

一九九〇年代の後半になって、政府は再び移住政策を開始する。どうやら北京から来たテレビ局が、山で暮らすクーツォン族の生活をみて、「未開」だと中央政府に注進し、それをきっかけに中央政府から雲南省政府に改善するよう命令が来たらしい。そこで一九九八年からは、「一五五工程」という「扶貧政策」が実施された。一万人の貧困なクーツォン族に対して、五年間で五千人を貧困状態から脱出させるという内容だ。

この政策が彼らにとって本当に幸せだったかは疑問だが、従来の焼畑で陸稲、トウモロ

写真：スイギュウに乗るクーツォン族の子供

コシ、キャッサバを栽培していたのを、水田によるコメの自給へと切りかえ、換金作物の植え付けを奨励した。そのため水田の開墾が難しい山地から、村そのものを河谷平野に近い尾根筋上に移転させる。新しい村の建物、水道施設、電気設備などに必要な経費はすべて政府が出資する。さらに水田の開墾（実際はタイ族がクーツォン族の代わりにおこなった）とコメの植え付け技術や、農具類や肥料なども援助した。

このようにクーツォン族のこの六十年の歴史は、自分たちの意志とは関係なく、政府の政策に翻弄されてきたといえる。ところが今も山を下りずに、従来の生活を続けている村が一ヵ所だけある。それが老白寨である。

写真：（上）山を焼きその一部を畑にする。右端の森のなかにみえるのが老白寨（ラカポ）。（次頁下）老白寨は左の山の背後、この角度ではみえない

国境の村

者米の町を南抜け、上新寨（タイ族の村）を通り、山から下りてきたクーツォン族の村である上納米をすぎて、さらに三時間ほど登ると（標高およそ千二百メートル）、南のベトナム国境から北に伸びる尾根にでる。すると、あたりの山にほとんど木が生えず、草地が広がる風景が遙かかなたの峰まで続く。尾根沿いを国境にむかってさらに三時間歩くと、正面に東西に走る尾根がみえてくる。この稜線がベトナムとの国境だ。その標高は、およそ二千メートルある。

老白寨（ラポカ）は、この国境のすぐ近くの標高およそ千五百メートルの斜面にあ

写真：ラカポの村長さんと春節のご馳走

る。訪れたのは、春節の時期にあたる一月終わりだった。春節で者米の町のすべての店が閉まり、タイ族の知りあいの家で正月料理のお相伴にあずかっていたのだが、これも度重なるとさすがに居づらい。一緒に調査している篠原徹さんの進言で、どうせなら泊まりがけで別の村に調査に行こう、実はご飯を食べに行こう、というのが発端だった。

まずは村長さんの家を訪ねる。村は三十戸、人口はおよそ百三十人。村の様子を訪ねながら、実は今晩泊めてくれないかと交渉する。テレビ番組の田舎に泊まろう、というのと同じ手口だ。違いは、者米谷の村で宿泊をお願いして断わられたことはない。

この村は地図上では老白寨だが、自分たちはラポカ（カは村の意味）といい、「クーツォン族」も中国政府による名称で、自称はラフ族だという。ちなみにラフ族のラはトラを、フは香りよく焼くという意味だ。つまりラフとは、「トラ食べる人」だ。その名の通り狩猟を生業の中心として、他の民族からはトラ狩りの民族とも呼ばれてきた。

さて今晩の宿も確保できた。村長さんに村とその周辺を案内してもらう。そして夜になると囲炉裏を囲んで晩ご飯をご馳走になりながら、老白寨、いやラポカの様子を教えてもらった。ちなみに晩ご飯は、春節のご馳走のために二日前に屠殺したブタで、肉とセリの炒めもの、さらに肉とネギの炒めものがでる。ブタ肉は半年間保存するため塩漬けにする。食べる直前に水で塩抜きをする。ご馳走してもらって文句をいうのは失礼だが、相当に塩辛かった。

山の自由な民

村長の話によるとラポカでは一九九八年まで焼畑が中心で、水田そのものが存在していなかった。焼畑の方法は村の周囲の森林は残しつつ、彼らが使用している谷全体を一度ほぼ全面に焼き尽す。そのなかの一部を毎年焼いて畑にし、陸稲、トウモロコシ、キャッサバなどを栽培している。陸稲は渓流の近くに、山の斜面の高い場所ではトウモロコシを栽培する。いずれも三年連作し、四年目に耕作地を切りかえる方法をとっていた。

一九九九年から政府によって山焼きが禁止され、それを機会に棚田を作るようになる。現在も山焼きをおこなっているが、焼畑として利用する面積は年々減少している。

焼畑での収穫は常に不安定で、一九八〇年代までは、野生動物を狩猟して者米の市で売るか、ハニ・ヤオ・タイ族と、コメ、服、鉄製品との交換をおこなっていた。狩猟する動物は、イノシシ、キョン、鳥類、ネズミ、カエルなどだ。一九九〇年代以降は動物狩猟もかつてほど盛んではない。

またキノコ、キクラゲ、干魚といった産物も交換商品だった。市での販売だけでなく、ハニ・ヤオ・タイ族と直接の取引もおこなっていた。その場合は古着、中古の鉄製品（オノ、クワ、スキなど）、コメ、塩と交換していた。

現在でもイヌと、籐で編んだ籠は重要な商品である。クーツォン族はイヌを食べないが、タイ族は好んで食べる。子犬だとおよそ二十元（およそ三百円）、成犬だとおよそ二百元（およそ三千円）で売れる。籐で編んだ籠は市では現金で売るが、ヤオ族など他の民族と交換する場合は、現在でも籠に入る籾《もみ》の量で売る。

さらに現金収入の方法として草果栽培と、ベトナムで商品を仕入れて市で売る交易がある。村から歩いて国境を越えて五時間くらいの場所に親戚の村があり、そこでキノコ、キクラゲ、黄魚などを購入し、それを者米の市で売り現金収入にしている。ベトナムの親戚は現在も焼畑をおこなっており、陸稲、トウモロコシ、キャッサバを主として植えているという。

なぜ、山を下りないのかと聞いてみた。「ここの生活は、楽とはいえない。政府の役人もときどきやってきて、山を下りるように説得する。でも自分たちは誰かから命令されて低地に棲むのはいやだ。それに下は夏になると暑いしね」と答えた。

写真：籐で編んだクーツォン族の籠。他の民族と服、食料などと交換する

写真：カゴの中はクワの木の実

赤い十字架

夜も更けて、隣の部屋で寝袋をひいて寝ることにした。部屋に入って目に飛び込んできたのは、なんと赤い十字架だった。村人全員が、現在はキリスト教を信じているのだという。一九九〇年代に村で不作が続き、病気になるものも多かった。病気は、鬼が魂をもちさることでおこる。病気をなおすには鬼を祓《はら》う必要がある。ブタ、トリ、コメ、酒、現金（五十〜百元）をそなえ、ラフ族のシャーマンを呼んでお祓いをする。ところがこのまじないでは、一向に効果があがらなかった。一九九八年に元陽方面から、中国語（共通語）を話す二人の若者がやっ

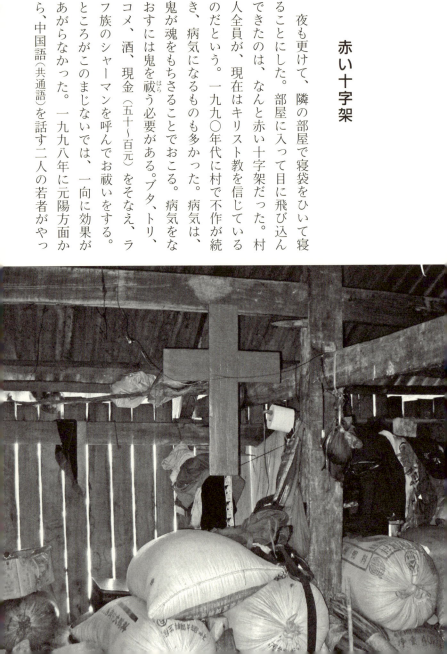

てきて二日間滞在しキリスト教を布教した。二人は赤い十字架をかかげ、それを信じれば効果があるといって、村長に一冊の聖書を渡して立ち去った。お金はいっさいとらなかった。十字架は、縦と横の比率が二十対十八の大きさに作り色は赤くぬる。赤は人間の生命の象徴だという。

次の日、村を離れて下山しながら、赤い十字架がどうしても頭から離れず、幸せとはなんだろうと考えつづけた。その後もこの村はたびたび訪れたのだが、河谷に移住したクーツォン族の村はほとんど訪れなかった。政府からの援助で、山の上より「豊か」な生活はできる。でも村人の顔に生気がないからだ。ラカポの村人は、山の上で今でも自分たちで生活を切り開き、伝統的なお祓いがだめなら赤い十字架でも利用する。その活力が、彼らの顔を生き生きさせているように思う。

幸せとは結局、現在をいかにして充実して生きていくことにあるのではないか。それは日本で暮らそうが、「辺境」で暮らそうが変わりないのだろう。ラカポの村人は、今を充実して過ごす術を自ら創造している。だからこそ、移住し政府の支援で暮らす彼らの仲間よりも、遙かに幸せにみえるのではないかと。

前頁写真：赤い十字架

消える棚田と残る棚田

日本の「里山」と「トトロ」

「里山」とは生態学者の四手井綱英《しでいつなひこ》が、日本の農村の自然のあり方を表現するために提唱した概念で、農家などの手によって維持管理されてきた山林や田畑のことである。しかし「里山」の視覚的なイメージを一般の人々に浸透させたのは、宮崎駿監督のアニメ映画『となりのトトロ』ではないかと思う。

「トトロ」に描かれた架空の舞台である松郷の風景は、低い丘陵の谷間に水田が広がり、その間を小川が流れる。丘陵上には、藁葺《わらぶ》き屋根の農家が点在する。農家の周辺には、ツバキ、ツツジ、モモ、カキなどの中低木や、ニワトリやヤギなどの家畜まで描きこまれている。そして裏山や道の脇にはマツ林が広がる。アニメ映画で、背景の「自然」をここまで精緻に描きこんだ作品ははじめてだろう。映画のなかでは、高度成長とバブルで消え去った「日本の原風景」が、一つのイメージとして語られ、これがみる側になつかしさと「日本人の自然との豊かな共生の歴史」を感じさせてくれる。

消える棚田

最初に紹介したが、私は千葉県の房総半島のほぼ中央に位置する蔵玉《くらだま》という地区で、人々がこの百年間に自然をどのように利用してきたのか、その変遷を調べている。「二五穴」という山をぶち抜く灌漑用水路がとてもユニークなのだが、それだけでなく調査が進むにつれて、「里山」に対する私のイメージは随分と変わった。

特に村の景観は、現在とはまったく異なる。村の周囲のマツなどの木は選択的に残すのだが、その周囲を同心円状に焼き払って広大な茅場（草地）にする。さらにその周囲は奥山で、薪炭林として利用する。彼らがやってきた自然利用は、一言でいうと「大規模な自分好みへの自然改変」だと思う。

おそらく、畑も茅場も薪炭林も無くなった今をみて、「里山」のイメージとして語られる風景に、水田の存在が大きいのではないかと思う。日本各地の「里山」では、現在は茅場も薪炭林も利用されなくなったからだ。

ところが私の調査地では高齢化の波がおしよせ、息子や娘は村を出ていって都会に住んでも、コメ作りの季節になると休みを利用して帰省し、ジイサン、バアサンと一緒に田んぼ仕事に精をだす。水田に水がひかれ田植えの準備をはじめる人々をみていると、確かに「トトロ」に描かれた「里山」のイメージと、日本人のコメ作りに対する執念なようなものを感じる。

一方の者米谷では二〇〇七年くらいから、タイ族の水田が突然、いとも簡単にバナナ畑に変わる風景をみるようになった。者米谷の東に那発という町が

ある。やはり低地ではタイ族が暮らしているのだが、この周辺は者米谷よりさらに変化が激しく水田はまったく残っていない。河谷平野の水田や斜面の畑も、すべてバナナ畑かパラゴム林だ。ところがその北にある金平県の中心で、人口三万人をかかえる金平の町の周辺では、見事な棚田が広がっている。なぜ金平県で最も大きな町の周辺では棚田が残るのに、むしろ田舎の那発では水田が消えてしまったのだろうか。

写真：那発の村の周辺の様子。平地から山の斜面にかけてバナナ畑とパラゴム林が広がる。水田はまったくない

那発のバナナ畑とパラゴム林

「那発」の「那」の発音である「ナー」はタイ語で田を、「発」(ファー)は天を意味し、いわゆる天水田のことをさす。那発在住の八十五歳のタイ族の老人によると、那発は二十世紀のはじめごろまでは荒れ地だったそうだ。父親が、およそ八十年前にベトナムから移住し、水田を開拓したのが那発の町のはじまりだという。

ところが今では、タイ族は他の民族と比べると金持ちだ。それは那発で開催される定期市をみるとよくわかる。那発の市に通ってくるのは、北東およそ七キロの太陽寨という村から、南東はおよそ十五キロに位置する南科周辺の村々の人々だ。この範囲のなかには、ハニ族の村が八ヵ所、ヤオ族の村が十三ヵ所、クーツォン族の村が三ヵ所、マン人の村が四ヵ所、イ族の村が一ヵ所、そしてタイ族の村が五ヵ所ある。ベトナム側からもハニ、ヤオ族と金族が市にやってくる。

市で一番よく商品を買うのはタイ族だ。反対に売り手はタイ族以外だ。例えばブタ肉は、その地域の物流と関係する非常に重要な商品だし、それにブタ肉商売は儲かる。者米谷の市では、ブタ肉の露店はタイ族によってほぼ独占されていた。ところが那発ではブタを売っているのは、ヤオ族がおよそ七割近くを占める。タイ族の店はわずか四店（全体の約一割）にしかすぎない。また野菜の売り手は、山地に居住する中国側のハニ、ヤオ、ミャオ族、それにベトナム側のハニ族である。タイ族は全体の露店のわずか二店（全体の約二パーセント）しか出店していない。つまりタイ族は、市では主として商品を売るのではなく買う側だ。

タイ族は一九七〇年代まで、河川沿いの平地を水田にして二期作を、山の斜面では焼畑をおこなっていた。ところが那発は、海抜が低くパラゴムの育成に適している。そこで一九五〇年代から国営農場がここに建設され、パラゴムの栽培がはじまった。そして一九八〇年代以降の生産請負制に伴って、タイ族の各家はパラゴムを盛んに植えるようになる。また一九九〇年代からは、水田での稲作の転作作物として、バナナの栽培をはじめる。かつての水田稲作や焼畑や河川での漁撈など、さまざまな生業の組み合わせを、バナナとパラゴムの二種類の換金作物に特化してしまったのだ。

一九八〇年代の早い時期からパラゴムに目をつけたタイ族のある家族は、今ではトヨタのレクサスを乗り回している。那発で知りあいなったタイ族の方に、コメは作らないのですかと聞くと、「二期作は大変だから。このほうがずっと楽でもうかるし、私もいい車が欲しい」という。バナナやパラゴムは自分たちが消費するのではなく、外部の市場が価格

KING

写真：那発の市。左は買い物をするタイ族の女性。右はタケノコを売るベトナムのハ二族

を決定するから、将来どうなるかわかりませんよ。自分で食べるくらいのコメを作るのが安全ですよ、という理屈はもはや通じない。

三万人の町の棚田

金平の町の正式名称は金河鎮だ。しかし一般に金平と呼ばれ、金平県の人民政府がある行政の中心だ。金平の名称が示すように明代に金と銅が発見され、漢族が鉱山の開発のため、雲南省以外から移り住んだ歴史をもつ。現在の町の人口は、およそ三万人を数える。

人口もこれだけ多いと、専門店がメイン道路沿いに、三百六十店あまりも日常的に営業している。服、雑貨、食堂、電化製品、食料品、靴、携帯電話、薬の販売などを扱う店や、それにちゃ

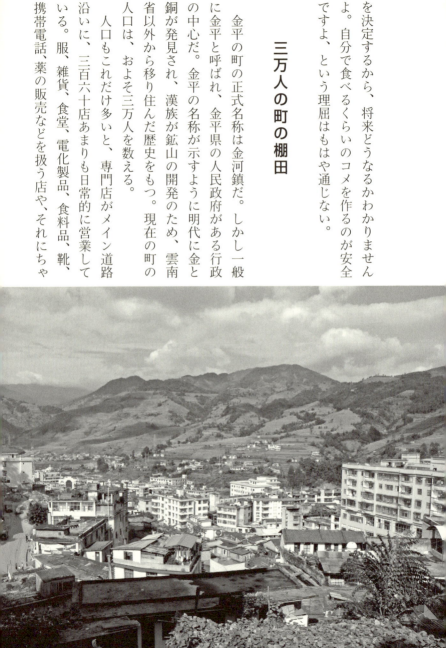

んとした病院が三つもある。中国のどこにでもある地方都市の趣だ。

さらに金平の町には、常設の市場が三つもある。いずれも「農貿市場」呼ばれ、肉、野菜、果実などの生鮮食品を日常的に販売している。ところが、これだけ商店と常設市場がそろっているのに、町の南で六日ごとの定期市が開催される。これが大人気なのだ。

定期市で野菜を売っているのは、ハニ、ミャオ、ヤオ族の順に多いが、いずれも金平周辺の農村から自家栽培した野菜を売りにやってきた農民だ。買い手は町住みの住民だ。その種類をざっとみると、ショウガ、サンショウ、トウガラシ、ドクダミ、野生のコリアンダー、野生のコリアンダーの花、野生のコリアンダーの茎、セリ、ネギといった香辛料的に使われる野菜が多い。そしてもう一つの特徴がパパイヤの花、カボチャの蔓、サトイモ（ミズイモ）の茎、野生のユリ、シダ、ハスイモの茎、サツマイモの葉、シロイモの茎、カンコノキ、クワレシダ、ツルムラサキといった、大量生産されないが珍しく嗜好品として好まれるタイプの野菜類だ。そして周辺の棚田で生産される在来品種のコメも人気だ。雲南省では、一般的にはハイブリット米（雑種第一代に現れる雑種強勢を利用して育種した収穫量の多いコメ）が栽培されている。在来品種と比較すると収量が格段に多いからだ。しかし味は決しておいしいとはいえない。在来品種は収量は少ないが味ははるかにいい。

写真：金平。町の背後には見事な棚田が広がる

私が調べたときには、六十三種類の野菜が売られていた。一方、常設市場で主として売られているのは、ハクサイ、セロリ、トマト、キャベツ、タマネギ、ダイコンで、しかも金平県とは別の場所で大量生産されたもので価格も安い。しかもこれらの野菜はいずれも肉などと一緒に調理され、そのまま調理しておかずとして食べられる種類だ。つまり金平の周辺の村人の市における野菜販売は、香辛料、嗜好品タイプの野菜に特化している。

おもしろいのは、定期市場で香辛料、嗜好品タイプの野菜を売っている少数民族の人々が、自分たちの野菜を売り終わると常設市場に出向き、大量のおかずタイプの野菜を買って帰路につくことだ。

周辺の村民は、金平で都市住民に野菜を売ろうとすると、外部から入ってくる安い大量生産のおかずタイプの野菜に対抗する必要がある。そのため栽培する野菜の種類を、変わったもの、珍しいものに特化したのだろう。またコメも、収量はハイブリットよりも少ないが、お金をもっている町住みの人々は量よりも質=味にこだわる。いわゆるブランド化戦略だ。

者米谷の市と金平の市とは、まったく異なる。者米谷の市では各民族が、それぞれの生産物をもちより交易をおこなう。タイ族の主要な商品はコメである。また水田漁撈によって捕った魚類も市で販売する。さらに者米谷のブタ肉の流通も独占してきた。アールー族

次頁写真：（上）金平の市。都市の住民に薬草を売るハニ族の男性。同行した植物学者もみたことのない植物が多かった。（下）金平の市。さまざまなイモ虫、ハチの子を炭火で焼いて食べさせる。おやつ感覚に近い。これも都市住民相手だ

写真：金平の市。棚田で栽培した在来種のコメを売るハニ族の女性。種類も多い

は、野菜を他の民族に売り、ヤオ族は、木綿布を染めるのに必要な藍を売って生計をたててきた。各民族は戦略的に特産物を作りだし、六日ごとの市は、それらを交易する場として機能してきた。

金平の定期市では、農民同士の売り買いが中心ではなく、売り手は町周辺の農民であるのに対して、買い手は主として町住みの住民だ。これが常設市場や常設店が立ち並ぶ人口およそ三万人の金平で、現在も六日ごとの市が存続しているだけでなく、町の周辺の山の斜面で、見事な棚田景観が維持されている理由の一つなのだろう。

壩子の風景

金平県の者米谷に向かうには、雲南省の省都の昆明市から南に向かって走るのだが、金平県までは、「壩子（バーズ）」という高原盆地が点々と広がる。壩子の底は平坦で土層も厚く、古くから農業が発達し人口が集中してきた。人類・考古学・民族学者だった鳥居《とりい》龍蔵《りゅうぞう》は明治三十五年（一九〇二年）に、貴州・雲南・四川省におけるミャオ族、イ族に関する調査をおこなった。雲南省では、十一月二十六日に昆明を出発し東に道をとり、路南石林から南に向かい、弥勒を通過して西に方向を変え、通海から北上し滇池の東側を通って十二月十二日に昆明にもどっている。鳥居は弥勒周辺の壩子は水田が少なく、トウモロコシが主食であると報告している。

ところが現在では、壩子ごとに生業がものすごく単一化されている。例えば石林から弥勒まででは水田一色なのだが、弥勒を過ぎると葡萄畑が広がる。通海では、水田はほとんどなく盆地は見渡すかぎり野菜畑だ。ところが開運周辺を通ると、サトウキビ畑一色になる。

これまで紹介してきた者米谷の暮らしは、水田、畑、山での動物狩猟、水田や河川の漁撈、

写真：雲南省の壩子の春。ここではコメの裏作で油を採るためナノハナを栽培している。盆地一面が黄一色に染まる

原生林の利用など、多様な生業が複雑に関係しながら生活が成り立っていた。壩子の景観は、者米谷の生活世界とは随分違う。要するに地域ごとに特定の換金作物を栽培している、モノカルチャーの世界だ。雲南においても、者米谷的な生活世界はもはや少数派だ。

那発の棚田は、換金作物であるバナナやパラゴムの木に特化することで消滅した。一方、金平周辺の棚田は、商売相手を都市住民に特化することで棚田の消滅を免れた。しかし金平の棚田も都市住民の趣向によって、例えば中国のブランド米である東北地方のコメに人気が集まると、たちまちのうちに消えていく可能性は十分ある。

棚田とともに

中国と日本で調査していて、同じ言葉を聞いた。者米谷のアールー族のものすごい棚田の山肌を這うようにして流れる十キロに及ぶ水路は、常に見て回り補修する必要がある。それには時間と労力がかかる。スイギュウを散歩させながら補修する人や、日本の房総の山を貫く狭い二五穴に潜り込み、掃除する作業をみながら大変でしょうと尋ねる。「でも水が流れると、コメを作れるから」という。

なんでもない言葉なのだが、心地よい音をたて水路を下っていく水をみながら本当にうれしそうにいう。過疎化する日本の山間部の農村では、水田は維持できなくなりつつある。またグローバル経済、市場経済という名のもとに、雲南の「辺境」でさえ、生きるための棚田が奪われようとしている。しかし、水田でコメを育てることに本当に生きがいを感じている人々がまだいる。あの笑顔は本当に忘れられない。

フィールドとの邂逅

遠い太鼓にさそわれて

私は研究者ではなく一般の読者に向けに、論文調ではない文章を書くとき、頭を切り換えるために手にとる本がある。『漂海民バジャウの物語』（H・アルロ・ニモ著、西重人訳、現代書館、二〇〇一年）もその一冊だ。

ニモ氏は、アメリカの人類学者で博士論文を書くため、一九六〇年代の約二年間を、「フィリッピン南部の世界でも最も美しい地域の一つのスールー諸島」（本文から）で過ごした。この本のユニークなところは、物語に登場する人物は実在し、彼が経験した事実をもとにしているのだが、描かれている出来事が同じ場所でおこったわけではないし、事件がおこった時間も変えてある。つまり筆者が事実を組み直し、小説的なスタイルをとっているところだ。

著者によれば論文ではフィールド調査から得た、知って欲しい結果の何かがぬけおちている。一般向けの出版物でも何か物足りない。事実を列挙するのではなく、彼らの生活の切実な場面を書くためには、フィクションという方法とることで、初めて自分の沈殿していた経験を語ることができたのだという。

ここまでの内容は決して物語や小説ではなく、あくまで私の目を通してではあるがすべて真実だ。しかし、私も今回は論文では決して書けないし描けない、フィールドでの体験や現地で暮らす人々の息吹を伝えたかった。

村上春樹氏の『遠い太鼓』（講談社文庫、一九九三年）は、三十七歳〜四十歳にかけてヨーロッパを旅していたころの、氏のいう「旅のスケッチ」だ。私には絶対まねできない文章なのだが（比較するのも失礼だが）、例えば旅に出かける動機の説明からしてこうだ。「ある朝目が覚めてふと耳を澄ませると、何処か遠くから太鼓の音が聞こえてきた。ずっと遠くの場所から、ずっと遠くの時間から、その太鼓の音は響いてきた。とても微かに。そしてその音を聞いているうちに、僕はどうしても長い旅に出たくなったのだ」。一度でいいから、こういう文章を書いてみたい。

でも旅とフィールド調査は似ていると思う。私は大学に入ってから、フィールド調査をはじめた。だからすでに四十年近くもフィールド調査を、つまり旅を続けてきたことになる。旅とフィールド調査は、どこが似ているのだろうか。またどうして私は、こうも長い旅に出かけることになってしまったのか。

洗面器とともに海を渡る

一九七九年七月二日、夜十一時、私は十島丸（四九七トン）に乗船して、鹿児島の錦江湾上を気持ちよく南にむかって航海していた。大学の実習発掘のためトカラ列島の中之島にむかっていたのだ。考古学は熊本大学で学んだ。この大学の考古学コースは非常にユニークで、当時は毎年夏に南西諸島をフィールド（トカラ列島から奄美大島、徳之島、沖永良部、与論島にかけて）として、先生と学生が島の公民館などに泊まりこみ、自炊しながら実習発掘調査をおこなっていた。

当時大学一年生で、初めて遺跡の発掘調査に参加した。乗船日の前日に、台風が東シナ海を通過していた。錦江湾をぬけると海が荒れるという。悪い先輩たちから「船に酔うのも、酒に酔うのも同じ」と、出航前にしこたま焼酎を飲まされた。湾をぬける直前に船員が船底の客室に洗面器を配った。湾をぬけると東シナ海の台風の余波と黒潮の影響で、小さな船は縦に横にゆれにゆれた。

周囲は、あっというまにすごい状況になった。洗面器は船酔いをみこして配られたのだ。時がたつにつれて客室内のすごい状況は、すさまじい状況へと変化し、臭いがさらに相乗効果を生んで修羅場へと突入していった。強くもない酒に泥酔したのか船酔いなのかもわからず、一晩中、床の洗面器を抱きつづけていた。

トカラ列島の一部の島では、およそ六千年前の縄文時代前期に、九州から人が渡ってきて住みついた。初体験の発掘は、何が重要なのかわけがわからず、しんどいだけだった。しかし海をへだてた黒潮のなかの小さな島に、なぜわざわざ人が住む必要があったのかという疑問だけは強烈に残った。

熊本大学時代に経験した、本土とは文化の香りが少し異なる南西諸島での発掘調査は、私にとって初めてのささやかな「異文化体験」だった。その後は大学で中国考古学を勉強した。しかし今思い返すと、十島丸で洗面器を抱いて海をわたるという一晩の体験は、私に人間が生きるとはどういうことなのか、生活世界の真の姿を知りたいという思いを知らず知らず植えつけていたのかもしれない。

一九八〇年代の中国素描

中国を初めて訪れたのは、一九八六年のことだ。一年間、天津の大学で語学を勉強し、二年間、広州の大学で中国考古学を専攻した。日本の先史時代を研究するには、中国の歴史的な影響を考える必要があったからだ。でも本当のところは、とにかく中国に行ってみたかった。当時の中国は、経済発展を邁進している現在の中国とは雲泥の差だった。改革開放政策が、はじまったばかりのころだ。

現在の北京や天津の華北一帯は、冬でも市場に行けばさまざまな野菜が売られている。しかし八十年代は冬になると、野菜はジャガイモと白菜ぐらいしかなかった。大学の寮の食事は大量の食用油とブタの脂身と、この二種類の野菜を炒めたものだけだった。油のなかに野菜が浮かんでおり、一ヵ月もたつともう喉を通らなくなった。

町に出かけて、餃子を食べたくなったが、壁には一斤が何元と書いてあるだけだ。注文のしかたがわからなくて、適当に二斤（一斤が五百グラムだから一キロ！）頼むと、洗面器いっぱいの餃子がテーブルにどんとおかれた。

　当時中国では、男性も女性も青か緑の人民服を着ていた。主食のコメやコムギ粉等を買うさいには、「糧票」が必要で、これがないと街で「包子（肉まん）」を買うのもままならなかった。北京の「北京飯店」など大きなホテルは、一般の中国人は出入り禁止で外国人専用だった。当時は外国人が旅できるのは大きな都市に限られ、田舎に行くことはもちろん、宿泊することも禁止されていた。そこで私は、中国人の友達と一緒に旅行し、中国人の振りをすることで比較的自由に歩き回った。

　洛陽近くの黄河にかけられた橋のたもとで写真を撮っていたら、人民軍の兵士にライフルを突きつけられ、「立ち入り禁止区域だ」と追い立てられた。安徽省の田舎の小さな町に泊まったときは、スイカなど農作物を乗せたトラックが道を通ると、町中の老若男女が後ろから走り荷台から商品を盗みとる、こそ泥が横行する町だった。大都会よりもむしろ田舎のほうが、殺伐とした雰囲気だった。

　一九八八年二月、私は海南島の山中に住むリー族の村で、土器づくりの調査をしていた。古い土器づくりの方法がまだ残っていたからだ。村に泊まりこんで調査したが便所はない。朝起きて林のなかにしゃがんでいると、まわりでガサゴソと音がする。ふっと顔をあげると村で放し飼いにされているブタが、前に親ブタが二匹、後ろに子ブタが三匹、よだれをたらしながら、じっと私のほうをみている。私のウンコをねらっているのだ。あわててその場をはなれると、いっせいにブタたちが、朝ごはんがわりにたいらげてしまった。ブタがウンコを食べる。私にとっては鮮烈な経験だった。

その海南島から広州に帰る夜行バスで、前日に食べた焼きソバがあたり、一晩中激しい下痢状態になった。二時間ごとのトイレ休憩のたびに、道端にしゃがみこんだ。おいてきぼりを恐れ、「我還没有上車！（まだ乗っていない！）」と必死に叫びつづけながらの用足しだった。

私は就職してから「豚便所―飼養形態からみた豚文化の特質―」（豚便所とは便所の下に豚小屋をつくり、人のウンコで豚を飼育する方法）という、一見題名は立派な論文を書いた。論文のはじめには、「ブタと人間の関係史を明らかにすることが目的」とそれらしいことが書いてある。しかし本当は、ブタにお尻をなめられそうになったことと、一晩中、下痢状態でバスに乗りつづけたという、論文には書けない体験が豚便所を研究してみようと思った契機だ。

中国でのこのような数限りない些末な事件の一つ一つは実に脈絡がないのだが、中国の大学で勉強した考古学の知識より、今でもはるかに鮮明に記憶している。自分が育った生活世界とは、まったく異なる生き方があることを自ら知るという、「異文化体験」の連続だったからだろう。

結局のところ、日本と中国という二つのフィールドを歩いて得たのは、人間とはいったい何かという、実に単純なのだが簡単には答えのでない問題意識だった。

海南島から雲南へ

一九八九年、三十歳で国立歴史民俗博物館に就職した。研究の動機とは別に私の研究方法は、十年単位で変化している。二十歳代は、日本、中国の大学で考古学的な勉強をした。就職した三十歳代は、中国や日本で遺跡発掘に関わりながら、考古学的手法による研究をおこなった。そして三十歳代終わりから四十歳代にかけてのおよそ十年間が、この本の内容である、中国での少数民族地帯での人と自然との関係に関する研究だ。

少数民族地帯での研究は、計画的にはじめたのではなかった。一九九九年から海南島のリー族調査がはじまる（日本学術振興会未来開拓事業、代表・大塚柳太郎、当時、東京大学教授）。その調査にさそってくれたのが、篠原徹さんだった（当時、国立歴史民俗博物館教授、現在、滋賀県立琵琶湖博物館館長）。

当初の予定では、篠原徹さんは中国の大学や政府機関との交渉担当で、私はその通訳だった。ところがある事件のために、リーダーの篠原徹さん自らがリー族の村での住み込み調査をすることになった。しかし、彼は中国語がしゃべれない。私は計画にさそわれた時点では、村の住み込み調査までつきあう気持ちはまったくなかった。しかし篠原徹さんに拉致されるようにして、リー族の村で調査することになった。というより通訳をはじめた。

私の少数民族調査に至る経過は実に散文的なのだが、人と自然との関係を調べる生態人類学的な調査が、自分にとてもあっていることがわかった。とにかくまず歩けばいい。

本当のところは、そもそも学問の動機が人間を研究してみたいということだったのだが、考古学的な手法だけではすでに限界だと、無意識にわかっていたからだろう。そして調査に深く埋没していくにつれて、考古学では明らかにできない、たくさんの物語がフィールドに隠されていることに気づいた。

いずれにしても、篠原徹さんと一緒に海南島でのリー族の調査、そして今回紹介した雲南省の中国でも、いわゆる辺境といわれる山岳地帯を歩きに歩き回った。夢のような十年間が続いた。おそらく今後の研究者人生のなかで、あれほど濃密な時間を過ごすことは二度とないだろう。

写真：旅で出会った素敵な笑顔。田植え仕事（アールー族）

写真：水キセルを吸う男性とブタ（ヤオ族）

写真：市で綿布を物色する女性（ハニ族）

写真：田んぼ仕事の親子（ヤオ族）

写真：山をかける少女たち（クーツォン族）

写真：水を村まで運ぶ少年たち（ハニ族）

写真：篠原徹さんとスイギュウ（雲南・者米谷の山中にて）

写真：市で帰りのバスを待つ（紅頭ヤオ族）

写真：可食水田雑草を採る子供（ハニ族）

旅とフィールド調査

「旅行というのはだいたいにおいて疲れるものです。でも疲れることによって初めて身につく知識もあるのです。くたびれることによって初めて得ることのできる喜びもあるのです。これが僕が旅行を続けることによって得た真実です」は、『遠い太鼓』のあとがきだ。

この文章の「旅行」の部分を、そのまま「フィールド調査」におきかえることができる。確かにフィールド調査は疲れるときもある。また増水した川を渡っていて溺れ、一瞬もうだめかなと思ったこともある。トラの住む森で先頭を歩いていた篠原さんに、山の斜面から巨大な石を落とされ（不可抗力だが）、巨石もろとも谷底に滑落しそうになったこともあった。しかし現地に出かけ自分の目でみて人と出会い、本やテレビやインターネットなどの情報による自分の常識が壊れていくおもしろさはやめられない。

論文は部屋で書く。しかし私の研究の発想や楽しみは、常にフィールドから生まれてきた。でも何も雲南の、しかもさらに「辺境」にまで行く必要はない。どこでもいいのでちょっと旅に出て、自分の目でみて常識を疑うと何かしら発見があり、それは本当に楽しいし人生を豊かにしてくれる。

旅とフィールド調査は同じだ。発見を論文にするかしないかの違いだけだ。これは四十年近くにわたってフィールド調査を続け、そして今もフィールドをぐるぐる歩き回っている私の経験から得た、唯一、確信をもっていえることだ。

おわりに

お詫び（!?）

ここまで読んでいただいた、読者の方々にはあやまらなくてはならない。最初に雲南の棚田は「「身の丈にあった知恵と技術」が、生活の中心となって、さまざまな場面で、まだまだ生き生きと展開している」世界だと紹介した。内容はすべて事実なのだが、しかし私たちは二〇〇九年三月以降、中国で住み込みによるフィールド調査をおこなっていない。雲南省内で、外国人による調査の許可がおりなくなったからだ。そのため本書で描いた姿は、今この文章を書いている時点でのリアルタイムの世界ではない。すでに「キオクのヒキダシ」に入りかけている。

中国の開放政策によって、私たちのような一般の日本人が、学生という身分で中国に入れるようになるのが一九八〇年代はじめからだ。本文でも登場する篠原徹さんが、海南島《かいなんとう》で一九九九年から予備調査をはじめる。村での本格的な住み込み調査は、二〇〇〇年からだ。それからおよそ十年間、海南島の焼畑地帯から雲南の大棚田地帯で、めくるめくようなフィールド調査をおこなった。

雲南で調査していた最後の数年間は、中国の国外への大膨張が顕著になり、自国内の少数民族問題、さらに周辺国をまきこんだ環境問題が噴出しはじめた時期と重なっている。雲南のしかも、国境を接する少数民族地帯という、地政学的に非常に微妙な地域でのフィールド調査が可能だったのは、開放政策と膨張政策との間の、おそらく凪《なぎ》のような幸運な時期だったからだろう。日本国内で、人と自然の関係史の調査を本格的にはじめようと思い立ったのも、中国での調査が徐々に難しくなってきたことも影響している。

滝を作り、台地を囲む

再び日本で調査するようになり、国や民族や歴史の違いはあっても、人が自然のなかで生きていく上で、共通する原理のようなものがあるのではないかと思うようになった。その一つが「身の丈にあった知恵と技術」が、活きている時代、地域ほど、「身の丈にあった知恵と技術」に多様性があるのでは、ということである。

例えば、最初に紹介した二五穴は、トンネルを使った水田の灌漑システムだ。なぜか江戸時代の終わりに、このような穴を掘った隧道《ずいどう》（トンネル）状の用水路が、それぞれに形態は異なるのだが日本のあちこちで出現する。マンボ（三重県北勢地）、河口湖《かわぐちこ》新倉《あらくら》掘抜《ほりぬき》（山梨県富士市）、潜穴《せんけつ》（宮城県仙台市）などなど。

しかし、トンネル状の灌漑用水路だけではなく、日本ではこのほかにも、想像を絶するような灌漑システムが編み出されてきた。長野県の諏訪湖の東側、茅野市の台地を潤す坂本養川《ようせん》という灌漑用水路も、やはり江戸の終わりに作られた。水量が比較的に多い八ヶ岳西麓の滝之湯川・渋川などの水を、南の水不足地帯の河川に用水路で水をおくる、繰越堰《くりこしせぎ》という方法だ。

灌漑用水路の取水口の一つは、海抜約千五百メートルにある。水田が広がる台地は、およそ十キロメートル南の海抜約一千メートル。その比高差が、なんと五百メートルもある。トンネル状灌漑用水路の「二五穴」である平山用水も、取水口から水田まで約十キロメートル離れているのだが、比高差は、わずか十メートルである。取水口と水田との間の灌漑用水路は、短いほど経費も労働力も節約になり、工事期間の短縮になる。また水の流れる速度も緩やかになり、水田に水を落とすのに使い勝手がいい。では坂本養川は、この問題をどのように解決したのだろうか。発想の転換というか、取水口から水田地帯までの途中の用水路に人工の滝を何ヵ所も作り、一挙に用水の水に段差をつけることで取水口の高さの問題を解決してしまった。

宮崎県都城の横市川に、和田用水という灌漑システムがある。やはり江戸の終わりごろに作られた。横市川の周辺はシラス台地のため、降った雨はすぐにしみこんでしまい畑にしか適さない。シラス台地は現代の技術をもってしても灌漑は難しく、今も水田は皆無である。

一方の横市川沿いの氾濫原は、頻繁に増水し耕作地にとって危険なだけでなく、沖積段丘という微高地と低地が、つまり乾燥地と低湿地が交錯していて、そうやすやすとは水田化できない。さらにシラス台地には開折谷《かいせきだに》という谷が入り込み雨が降ると、そこから一挙に鉄砲水がおしよせる。そのうえ、シラス台地直下は五月以降水が常に染みだす。つまりシラス台地を穿《うが》つ河川の周辺は、水田にとってとてつもなく条件が悪い。

ではこの悪条件を、どのように克服したのか。シラス台地が川の氾濫原に接する崖直下をとり囲むように、上流の取水口から堤防を延々と作り、堤防とシラス台地との間に用水路を作ってしまったのだ。つまりこの堤防は、シラス台地から流れ出る水を防ぐとともに、その水を用水としても利用しつつ、さらに上流から取水した水を流すという三つの役目をもつ。

次頁写真：（上）坂本養川。パワースポットとして人気なのだが人工の滝という説明はない。（下）和田用水。右がシラス台地。このような堤防は対岸にもある

技術史的にみれば、鉱山技術に必要な掘削《くっさく》技術や正確な測量技術の普及などと関係しており、人力だけでおこなうこのような大土木事業は、おそらく江戸末期から明治にかけて頂点に達するのだろう。

しかし水田の水問題の解決は、地域の自然的な環境によってまったく異なる。もちろん一定の基本的な灌漑システムの原理は存在するが、その応用編である二五穴や坂本養川や和田用水の発想力とそれを実現化する行動力がすごいと思う。しかも坂本養川や二五穴は百数十年たっても、人にも自然にも迷惑をかけずに立派に現役で活躍し、メンテナンスさえしっかりすればこれかも使い続けることが可能だ。戦後発明された某原子力発電所は約四十年で破綻したが、人が作り上げたシステムとしては江戸の終わりの発明のほうがはるかに優秀だ。

なぜ歩くのか

水田と灌漑システムをとりあげただけでも、なぜこれほどの多様性を生みだすことができたのか。「昔の人は偉かった」だけでは、私自身が納得できない。また日本の里山利用を、「自然との共生=日本人の自然を大切にしてきた歴史」という言い方でひとくくりするのは好きではない。日本の地域ごとに編み出されてきた里山利用をイメージとしてではなく、事実としての多様な歴史を、それこそ「キオクのヒキダシ」に整理することを妨げているように思うからだ。

歩けば歩くほど、謎が増える。研究者人生も第三コーナーをまわり、もうゴールは目前だ。問題を解決するために歩く時間だけでなく、体力もそう残ってはいない。しかし日本をみた眼で、雲南のあの大棚田地帯をもう一度、歩いてみたい。最近、雲南で調査した世界は、本当に現実に存在したのだろうかという、不思議な感覚に陥ることがある。私が忌み嫌いかつ恐れていた、調査地が好きになればなるほど「ぼくだけの大切な思い出の村」という、フィールドを調査する研究者がよく罹る「フィールドワーカー・センチメンタル症候群」なのかもしれない。

それだけに、私がみた雲南の棚田の世界が「キオクのヒキダシ」にしまいこまれ閉め切り状態の引き出しになるまえに、たとえ今の姿が自分の記憶とは違って、残念な結果が待っていようが、もう一度、新たな現実をみなくてはならないのだろう。

最後になりましたが、この本をまとめる機会だけでなく、フィールドでさまざまな着眼点や発想を与えていただいた篠原徹さんと、怠惰な私を見捨てずに最後まで励ましてくださった、社会評論社の板垣誠一郎さんに感謝をこめてここに記する次第です。

著者紹介

西谷 大

（にしたに まさる）

国立歴史民俗博物館教授。熊本大学文学部史学科（1984年卒業）、熊本大学大学院文学研究科史学専攻修士課程（1986年単位取得退学）、中華人民共和国中山大学人類学系（1989年まで留学）。

主な著作『食べ物と自然の秘密　自然とともに』（小峰書店、2003年、第50回青少年読書感想文全国コンクール課題図書）『多民族の住む谷間の民族誌―生業と市からみた環境利用と市場メカニズムの生起』（角川学芸出版、2011年）編著『見るだけで楽しめる！　ニセモノ図鑑　贋造と模倣からみた文化史　視点で変わるオモシロさ！』（河出書房新社、2016年）

キオクのヒキダシ1

写真紀行　雲のうえの千枚ダム

中国雲南・大棚田地帯

2017年1月15日初版第1刷発行

著・写真／西谷 大

発行者／松田健二

発行所／株式会社　社会評論社

〒113-0033　東京都文京区本郷2-3-10　お茶の水ビル

電話　03（3814）3861　FAX　03（3818）2808

装丁／中原達治

印刷製本／倉敷印刷株式会社

http://shahyo.sakura.ne.jp/wp/（ブログ）

ISBN978-4-7845-1733-6 C0030